Was Sie in diesem *essential* finden können

- Den Überblick zu den Themen für die Selbstführung
- Die Darstellung der wichtigsten Techniken im Alltag
- Die Instrumente zur Fokussierung der eigenen Fähigkeiten
- Die Methoden zur Entlastung von unliebsamen Aufgaben

Vorwort – Darum geht´s!

Erfolgreich im Alltag. Diesen Wunsch haben viele Menschen. Doch zu häufig geht gerade im Alltag der Fokus auf die Faktoren verloren, die wir selbst in der jeweiligen Situation entscheidend beeinflussen können. Und genau darum geht es in diesem *essential*. Das *essential* gibt Ihnen die wichtigsten Tipps, um sich im Alltag selbst zu führen. Denn die Höhen und Tiefen des Alltags haben maßgeblichen Einfluss darauf, ob wir unsere längerfristigen Ziele erreichen – oder nicht. Es liegt an uns, die Gelegenheiten zu nutzen, die sich uns aktuell bieten. Und diese Chancen nehmen zu.

Die Komplexität in vielen Lebensbereichen steigert sich laufend. Einerseits werden Prognosen über den eigenen Weg immer kurzfristiger und ungenauer. Die Vielfalt und Vieldeutigkeit der unterschiedlichen Einflüsse auf unser Leben ist nicht mehr zu überblicken. Und die Digitalisierung steigert diese Komplexität weiter. Andererseits ergeben sich nahezu täglich unvermittelt und unverhofft neue Chancen und Perspektiven, ebenso gesteigert durch die Möglichkeiten des Internets. Diese Unberechenbarkeit der Umgebung macht einen Faktor für den Erfolg immer wichtiger: das Agieren im Alltag, den jeder Mensch ganz konkret gestalten kann.

Mein Buch „Selbstcoaching", erschienen 2013 im Springer-Verlag, spannt einen weiten Bogen, beginnend bei den grundsätzlichen Aspekten, die für die eigene Führung relevant sind. Dazu zählen zum Beispiel das Erkennen der eigenen Motive, das Setzen und Anpassen von Zielen. Die übergreifenden Fähigkeiten werden anschließend bezogen auf typische Ereignisse während einer Berufslaufbahn. Die Bandbreite reicht von der Berufswahl über die Entscheidung für eine neue Position im Unternehmen bis hin zu persönlichen Themen, wie der Umgang mit Gesundheitsproblemen.

Dieses *essential* ergänzt das Buch „Selbstcoaching". Der Blick geht weiter, auf die ganz akuten Fragen, die sich im HIER und JETZT des Alltags ergeben. Deshalb haben Sie zu diesem *essential* gegriffen und möchten SOFORT

Unterstützung. Sie haben spontan oder nach kurzem Nachdenken einen akuten Anlass im Kopf. Dafür möchten Sie Inspiration und Tipps bekommen. Diese Erwartung möchte das *essential* erfüllen.

Die Top 10 zur Selbstführung beginnen genau mit diesem Thema: unsere Erwartungen. Denn diese prägen ganz entscheidend unseren Blick, um viele Ereignisse im Alltag positiv für den eigenen Fortschritt nutzen zu können. Die Top 10 enden mit der Erfüllung der Erwartungen: Erfolge aktiv wahrnehmen, statt immer als Normalität zu betrachten. Die zehn Themen stehen in Beziehung, ergänzen sich und sind zugleich jedes für sich wertvoll – je nach der Situation, die sich Ihnen stellt.

Über erfolgreiche Antworten auf die Alltagsfragen, die uns Menschen bewegen und vor Probleme stellen, rückt dann auch wieder das Große und Ganze im Leben in den Blick – die Ziele, die wir anvisieren, und die Wünsche, die wir erfüllen möchten. Im fernen China sagen die Menschen dazu: Auch der längste Weg beginnt mit einem ersten Schritt. Jeden Tag kann jeder Mensch für sich einen wichtigen Schritt machen. Dieses *essential* unterstützt Sie dabei, selbst der beste Schrittmacher zu sein.

Königstein, Deutschland   Michael Groß

Weiterführende Literatur

Groß, Michael. 2013. *Selbstcoaching*. Heidelberg: Springer

Inhaltsverzeichnis

Die Erwartungen ausrichten

1

Das Glas ist halb leer? Oder das Glas ist halbvoll? Je nach Ihrer Betrachtung richten sich Ihre Erwartungen aus: Es darf nicht noch mehr Wasser verloren gehen! Oder: Das Glas soll bis zum Rand gefüllt werden – und das am besten sofort! Genauso haben Sie Erwartungen an dieses *essential*. Möchten Sie ab sofort jeden Tag ein Erfolgserlebnis haben? Oder erwarten Sie „nur", die Höhen und Tiefen des Alltags besser in den Griff zu bekommen? Und das schnell und einfach.

Egal, welche Erwartungen Sie an diese Lektüre richten, es ist wichtig, dass Sie Erwartungen haben, sich diese bewusst machen und für Ihr Handeln konkretisieren: Das möchte ich tun, damit dies passiert. Nur dann können Sie zum Abschluss, im letzten Kapitel beim Thema Erfolg, abschätzen, ob Ihre Erwartungen erfüllt worden sind. Es kann passieren, dass die Erwartungen nicht vollständig erfüllt werden. Das ist im Leben sogar die Regel, weil auf dem Weg von A – unseren Erwartungen – bis B – dem Ergebnis – sehr viele Ereignisse und Einflüsse das Eintreten einer Erwartung behindern oder mitunter auch begünstigen.

Hoher Anreiz zum Handeln

Viel schlechter wäre, nur geringe oder keine Erwartung zu haben. Denn Erwartungen haben eine ganz wichtige Funktion. Erwartungen können als Anreiz dienen, unsere Motivation zu aktivieren. Das ist ein Grundprinzip der Motivationspsychologie: Wir verbinden einen Anreiz mit den eigenen Erwartungen an eine „Belohnung", die für uns bedeutsam ist.

Je größer die Erwartung, für uns einen Erfolg zu erzielen und dafür einen relevanten „Lohn" zu erhalten, desto größer unsere Tendenz, zu handeln und sich mehr zu engagieren. Der ideale „Lohn" ist dabei sehr verschieden. Im Moment lesen Sie dieses *essential,* weil Sie für sich einen Erfolg erwarten, indem Sie künftig einige Dinge verstärken, anders machen oder ganz neu starten. Gerade im

© Springer Fachmedien Wiesbaden GmbH 2017
M. Groß, *Erfolgreich im Alltag,* essentials,
DOI 10.1007/978-3-658-16436-2_1

Beruf ergeben sich individuelle Erfolge durch neue interessante Entwicklungsmöglichkeiten und anspruchsvolle Herausforderungen. Das Geld sollte emotional nicht alleine im Fokus stehen. Die Alltagserfahrung ist durch zahlreiche Experimente bewiesen, dass nur bei sehr einfachen, reproduzierbaren und gut vergleichbaren Leistungen die monetären Anreize dauerhaft die Leistungen von Menschen steigern können. Aufwand, Einsatz und Ertrag stehen in einer unmittelbaren Beziehung und können durch die eigene Leistung direkt beeinflusst werden. Die Berufsbilder, in denen dieser „Kurzschluss" möglich ist, wie Akkordarbeit, werden immer seltener. Selbst Fließbandarbeit ist heute mit komplexen Abläufen verbunden und wird nicht mehr auf einzelne Handgriffe beschränkt.

Eigene oder fremde Erwartungen schaffen Anreize und geben uns Impulse zum Nachdenken. Im Alltag schaffen wir uns aber viel zu selten Klarheit über unsere Erwartungen. Wir reagieren eher spontan und regen uns tendenziell eher auf, besonders über fremde Erwartungen, als sie einfach nüchtern zu betrachten. Fremde Erwartungen können sehr nützlich sein und manchmal den entscheidenden „Schubs" geben.

Ermutigung für Herausforderungen

Fremde Erwartungen – ob von der Partnerin/dem Partner, der Kollegin / dem Kollegen, etc. – können wir in eine attraktive Aufgabe übersetzen, gerade wenn die Erwartung zunächst lästig oder auch überzogen erscheint. Wir erwarten von uns ein bestimmtes Verhalten auf dem Weg dorthin und wir werden bereit, besondere Anstrengungen zu unternehmen und auch mühevolle Tätigkeiten zu erledigen. Erwartungen entfachen zusätzliche Energie, um zu beginnen und konsequent „am Ball zu bleiben". Ohne den äußeren Impuls würden wir diese Chance nicht besitzen.

Die Formulierung von eigenen Erwartungen führt zu einer Selbstermutigung für eine konkrete Situation. Dieser Mut wird nicht einfach eingeredet oder emotional angeheizt. Vielmehr gilt es, sich bewusst zu werden, was man von sich erwartet, welche Stärken man nutzen und wie man sie einsetzen kann. Wir freuen uns anschließend besonders über einen Erfolg, wenn das Ergebnis auf den eigenen Fähigkeiten, der eigenen Disziplin oder Tüchtigkeit beruht und eben nicht auf äußeren Ursachen, wie Glück oder Pech von anderen, oder auch zu geringen Anforderungen.

Charismatische Unternehmensführer und Trainer im Sport besitzen die Fähigkeit, diesen Effekt bei Mitarbeitern oder Athleten auszulösen: Sie schaffen die Grundlage, sich selbst zu ermutigen, auch ungewohnte Rollen einzunehmen, zunächst ungeliebte Dinge anzunehmen und anzupacken. Würde jeder von uns

aus sich selbst heraus alle Kräfte mobilisieren, wären alle Trainer im Sport überflüssig, die vor einem Spiel Erwartungen an die Mannschaft und jeden Spieler
formulieren, über das Besiegen des Gegners hinaus. Genauso im Beruf können
gerade ambitionierte Zielvorgaben durchaus positive Energien aktivieren.

Besser sich etwas überfordern

Ihre Erwartungen können sehr unterschiedlich sein – je nach Lebenssituation
und -einstellung, konkreten Berufsperspektiven oder auch dem privaten Umfeld.
In dieser Vielfalt möglicher Erwartungen, die Sie für sich formulieren, ist daher
entscheidend, wie eine Erwartung aussehen sollte. Grundsätzlich gilt, dass wir
uns tendenziell eher überfordern sollten, als von Anbeginn unterfordert zu werden. Wer bereits zu Beginn sicher ist, dass sich die Erwartungen erfüllen werden, wird sich selbst keinen Anreiz geben. „Kein Problem, das klappt bestimmt!"
Den „Erwartungshorizont" zu senken, wenn etwas dazwischen kommt, das geht
immer. Die Erwartungen nach oben zu revidieren – zum Beispiel mitten im Jahr
für die laufenden Geschäftsziele – ist eher schwierig: Meist fehlt die nachvoll-
ziehbare Begründung, warum plötzlich noch mehr gefordert wird.

Jede anspruchsvolle Erwartung ist positiv, sofern diese nicht völlig absurd
oder utopisch, irrelevant oder sogar illegal ist. Sie bietet einen guten Anlass für
die Auseinandersetzung mit den eigenen Fähigkeiten. Die erste Frage lautet, was
kann ich dafür tun, diese Erwartung zu erfüllen. Und nicht: Was könnte passieren,
wenn diese Erwartung nicht erfüllt wird. So nehmen wir uns selbst an die Hand.
Mögliche oder auch tatsächliche Hindernisse bekommen ein anderes Gewicht und
dominieren nicht mehr unsere Gedanken. Die Selbstermutigung durch den akti-
ven Umgang mit Erwartungen wird damit auch zu einem Instrument, mit (poten-
ziellen) Herausforderungen, die später bestimmt kommen werden, besser fertig
zu werden. Denn angesichts der anspruchsvollen Erwartung ist es selbstverständlich, auch mit Hindernissen konfrontiert zu werden.

Ergebnis und Folge sind bedeutsam

Damit eine Erwartung für uns als Anreiz wirkt, müssen wir unser Handeln
daran ausrichten können. Die Abfolge von Handlung, dem Resultat und der
Folge, die sich ergeben, prägt uns und somit unsere Erwartungen – und das von
Kindesbeinen an. Wir räumen unser Zimmer auf, damit es sauber ist und wir
damit Anerkennung verbinden. Wir lernen, um so viel zu wissen, damit wir in der
Klassenarbeit eine bessere Note bekommen. Und später fahren wir zu Kunden,
um Aufträge zu akquirieren und als Folge daraus einen Bonus zu erhalten.

Den Zusammenhang Handlung – Resultat – Folge können Sie selbst für Ihre
aktuellen Tätigkeiten bestimmen und beschreiben. Von meinem Handeln erwarte

ich dieses Ergebnis, das sich wiederum ideell oder materiell positiv auswirkt –
auf uns oder andere. Je größer die Erwartung an ein Ergebnis und das, was es
nach sich zieht, umso mehr neigen wir dazu, zu handeln und uns zu engagieren.
Ohne Erwartung für das eigene Handeln fällt es schwer, aktiv zu werden.
Besonders im Beruf gehört zur eigenen Führung, diese Erwartung zu formulieren, da unsere Führungskraft dies zumeist nicht für uns tut. Sogar als Vorstand
sagen die Eigentümer nicht, wie er handeln soll, um eine Folge, zum Beispiel
mehr Gewinn, zu erreichen. Oder die Vertriebsleitung formuliert Umsatzziele für
einzelne Kunden, konkretisiert diese rein finanzielle Zielerwartung aber nicht in
Handelsanweisungen. Dies ist kein Mangel, sondern Teil einer modernen Führung, die Ergebnisse verfolgt und nicht Arbeit kontrolliert.

Wenn eine Erwartung für unser Handeln bedeutsam ist, wir Einfluss auf ein
Ergebnis und die Folge daraus nehmen können – zumindest teilweise – dann
besitzen wir auch keine Angst vor Misserfolg. Diese Gedanken schießen uns nur
dann in den Kopf, wenn die Erwartung für uns absolut keinen Sinn hat. Sonst
verschwenden wir nicht einen Gedanken daran. Versagensängste haben so keinen
Raum mehr zur Entfaltung.

Erwartungen einordnen und Erfolg bewerten

Die größte Herausforderung ist, die eigenen Erwartungen zu revidieren. Fremde
Erwartungen nicht zu erfüllen, ist viel leichter zu kompensieren: Die Ansprüche
waren zu hoch und ich konnte bei bestem Willen und Wissen durch mein Handeln
die Erwartungen nicht erfüllen. Sich einzugestehen, dass adaptierte Erwartungen
und selbst formulierte Ziele, aus denen sich die Erwartungen entwickelt haben,
nicht erreichbar sind oder gar falsch waren, erfordert die Fähigkeit zur Selbstkritik.

Selbstkritik bedeutet nicht Selbstzerfleischung. Niemals ist alles schlecht oder
haben wir alles schlecht gemacht, wenn Erwartungen unerfüllt bleiben. Die Anerkennung einer Leistung im Verfehlen der Erwartung und das Erkennen von Fehlern
beim Erreichen einer erwarteten Leistung sind wichtig. Ein ganz einfaches Beispiel liefert der Fußball: In der letzten Spielminute ein Spiel zu gewinnen, bedeutet
längst nicht, alle Erwartungen an die eigene Leistung zu erfüllen. Es kann sogar
das Gegenteil richtig sein. Umgekehrt bedeutet die Niederlage mit dem 0:1 in der
Nachspielzeit nicht, dass alle Erwartungen verfehlt wurden. Mannschaften, die
erreichten Erfolg und erbrachte Leistung unterscheiden können, werden auf Dauer
Ihr Potenzial mobilisieren und gewinnen, nicht nur durch einen Glücksschuss oder
das Hoffen auf eine Glückssträhne.

Wir wollen Tore schießen, Kunden gewinnen oder gute Noten schreiben oder
… oder … Der Erfolg als Erfüllung von Erwartungen krönt jede Leistung. Wir
freuen uns besonders über einen Erfolg, wenn das Ergebnis auf den eigenen

Fähigkeiten, der eigenen Disziplin oder Tüchtigkeit beruht und eben nicht auf äußeren Ursachen, wie Glück oder Pech von anderen, oder auch zu geringen Erwartungen. Das Erlebnis eines Erfolges hängt vom Einfluss ab, den wir auf das Ergebnis nehmen konnten. Da zählen „Besuchsfrequenzen" im Vertrieb oder „Servicelevels" in der Kundenbetreuung, „Time to Market" in der Produktentwicklung oder die „Empfehlungsbereitschaft" der Kunden im Marketing. Einige Leser werden diese Parameter bestimmt schon verfolgt haben. Nur taugen diese Faktoren als Maßstab für Erfolg?

Sicherlich haben sie eine Bedeutung: Die genannten Maßstäbe zeigen unbestritten das Ergebnis des eigenen Handels, dass die Voraussetzungen geschaffen und die Gelegenheiten erweitert worden sind, um am Ende mehr Aufträge zu erhalten – das wäre die Folge. Und tatsächlich: Am Ende zählen für ein Unternehmen die gewonnenen Kunden. Alle anderen „Möglichmacher" werden aber nicht völlig wertlos, wenn dies nicht (immer) gelingt. Denn ohne die Ergebnisse aus dem eigenen Handeln wird die Folge nicht möglich, auch wenn diese im Einzelfall verfehlt wird.

Unseren persönlichen Erfolg und unsere Erwartungen sollten wir nicht von einer Schwarz-Weiß-Malerei abhängig machen – weder positiv, wenn das Ergebnis und Folge hervorragend sind, noch negativ, wenn wir unter den Erwartungen bleiben. Selbst optimale Leistungen reichen häufig nicht zum Gewinn. Was dann aber zählt, ist die Gewissheit, in der jeweiligen Situation die vorhandenen eigenen Stärken mobilisiert zu haben, um im Alltag erfolgreich zu sein. Diesem Thema widmet sich deshalb das nächste Kapitel.

Die passenden Stärken einsetzen 2

Die eigenen Erwartungen sollten sich durch die eigenen Stärken zumindest teilweise umsetzen lassen. Denn sonst wird das Handeln eher zufällig zu einem Ergebnis führen, das den Erwartungen entspricht. Daher sollte, umgekehrt betrachtet, das Bewusstsein für die eigenen vorhandenen Stärken die Erwartungen prägen, um sich zu fordern, aber nicht vom ersten Moment zu überfordern.

Damit wir unsere Erwartungen durch eigenes Handeln erfolgreich umsetzen können, haben wir unsere Stärken auf zwei Ebenen zu betrachten: die Kenntnis über vorhandene Fähigkeiten und deren gezielter Einsatz im Alltag. Erstens geht es also darum, sich über die vorhandenen Kompetenzen klar zu werden, die ich für eine bestimmte Leistung brauche. Daraus kann auch ein Bedarf entstehen, in einzelnen Kompetenzfeldern gezielt für den Alltag oder in einer bestimmten Funktion nachzulegen. Die Fähigkeit, sich seiner Stärken bewusst zu werden und weiter an diesen zu arbeiten, ist also bereits unsere erste Stärke. Zum Sortieren ist eine Vierteilung hilfreich:

1. *Persönliche Kompetenzen:* Dazu zählen die Fähigkeit zur Selbsterkenntnis, die Wertorientierung, das unternehmerische Denken oder auch die Fähigkeiten zum Zeitmanagement und Selbstorganisation.
2. *Soziale Kompetenzen:* Hier enthalten sind Themen wie Kommunikations- und Dialogfähigkeit, die Veränderungsbereitschaft, das Mitfühlen und Einfühlen in andere Menschen.
3. *Methodische Kompetenzen:* In diesem Bereich fallen bekannte Themen wie das Projektmanagement, Präsentation und Rhetorik, Konfliktmanagement und Kreativitätstechniken.
4. *Fachliche Kompetenzen:* Zum Schluss geht es um die im Beruf geforderten Fähigkeiten mit einer breiten Palette, je nach Funktion und Aufgabe vom

© Springer Fachmedien Wiesbaden GmbH 2017
M. Groß, *Erfolgreich im Alltag,* essentials,
DOI 10.1007/978-3-658-16436-2_2

berufsspezifischen Wissen über funktionsspezifische Kompetenzen, wie zur Führung, bis hin zu notwendigen Zulassungen oder Zertifikaten.

Ihnen wird bereits klar, dass es je nach Situation und Perspektiven, die sich Ihnen im Alltag bieten, unterschiedliche Konstellationen geben kann, welche Kompetenzen zu Stärken werden können und welche keine Bedeutung besitzen. Denn die sogenannte Performanz ist das Entscheidende: Eine Kompetenz ist geduldig, wenn wir diese nicht in eine wie auch immer geartete Leistung umsetzen können. Neudeutsch „performen" wir dann besser.

Im ersten Schritt ist eine schlichte Auflistung in den vier Bereichen sinnvoll, quasi die Erstellung des persönlichen Kompetenzkatalogs, aus dem dann je nach Situation die Fähigkeiten gewählt werden können. Das können Sie gerne spontan machen. Jetzt sofort einfach dieses *essential* kurz zur Seite legen und zum Notizblock greifen oder eine Sprachmemo erstellen. Später können Sie diese Selbsteinschätzung überprüfen und ggf. ergänzen. Nicht Vollständigkeit ist wichtig, vielmehr die Bestimmung der wesentlichen Fähigkeiten, die sich im Alltag als Stärken erweisen können. Je Kompetenzbereich sollten nicht mehr als fünf Punkte aufgelistet werden und möglichst in jedem Bereich Kompetenzen vorhanden sein. In der heutigen Arbeitswelt werden die Nischen für die berühmten „Fachidioten" immer weniger. Zugleich ist der „Nebeneffekt" positiv, sich beim Überlegen der eigenen Fähigkeiten über eigene Schwächen klarer zu werden. Zu wissen, was ich nicht kann, ist zum Justieren der Erwartungen und zum Fokussieren auf mögliche andere Optionen zum Handeln sinnvoll.

Bei bestem Willen und der Fähigkeit zur Selbstkritik wird die eigene Einschätzung mehr oder weniger Mängel aufweisen, zum Beispiel in der Gewichtung von Fähigkeiten. Insofern sollten Sie das Ergebnis reflektieren. Mehrere Möglichkeiten bieten sich an:

- *Rückblick:* Betrachten Sie vergangene Ereignisse oder Erlebnisse, inwieweit Sie die Stärken einsetzen konnten oder nicht, welche Erfahrungen Sie gesammelt haben und was Sie in Zukunft daraus lernen können.
- *Szenarien:* Überlegen Sie sich typische oder gewünschte Situationen, die sie erleben möchten oder werden (Präsentation und Prüfungen, neue Positionen oder Aufgaben, ...) und wie dort Ihre Fähigkeiten zu Stärken werden können.
- *Reflexion:* Oder Sie unterhalten sich (zusätzlich) mit Freunden, die den Kompetenzkatalog prüfen und den Spiegel vorhalten können. Vielleicht kommen neue Impulse und Sie werden aufmerksam für Fähigkeiten, die Sie bisher nicht in ihrem Katalog enthalten waren.

Die Prüfung schärft den eigenen Blick. Überraschungen, positiv wie negativ, sind dabei nicht ausgeschlossen. Aber darauf sollten Sie keine Rücksicht nehmen, dieses Risiko sollten Sie eingehen. Denn völlig aus sich selbst heraus, ohne Reize und Impulse von außen als Bestätigung und Zuspitzung seiner Stärken, kommen nur ganz wenige Menschen aus.

Situation erfassen und Kompetenzen justieren

Sobald Ihnen der eigene Kompetenzkatalog zur Verfügung steht, fällt es viel leichter, spontan und tagesaktuell aus dem Katalog die jeweils relevanten Fähigkeiten zu wählen, um diese zu Stärken werden zu lassen. Ein Beispiel: Freitagmorgen, die finale Vorbereitungen auf eine Präsentation, Prüfung o. ä. am Montag beginnen. Sie wissen, es liegt noch einiges auf dem Tisch, was dazu verarbeitet werden könnte, aber einfach nicht zu schaffen ist. Sie kennen Ihre Stärken: Durchsetzungsfähigkeit und Durchhaltevermögen, einen Schuss Kreativität und viel Erfahrung. Sie haben ein Team, wo jeder eigene Interessen hat, im Beruf und auch privat.

Welche Fähigkeiten sind nun wichtig? Um jeden Preis alle Informationen hin- und herwälzen und den Kunden, die Prüfer o. ä. mit einer brillanten Analyse zu beeindrucken, auch auf die Gefahr hin, ein paar Nachtschichten zu schieben? Oder eher die Kreativität einsetzen und im Team kurzfristig die besten Ideenköpfe einschließen lassen, um sich nur um den Kern der Aufgabe zu kümmern – verbunden mit mehr Risiko zur Reaktion des Kunden? Das sind zwei Möglichkeiten. Es wird noch mehrere geben.

Ich werde Ihnen nicht sagen, welche die beste Möglichkeit ist. Das können nur Sie und für jede Situation wieder neu, abhängig von Anlass und Thema, Ziel und Umfeld. Mir geht es darum, dass Sie künftig bewusst Ihren Fähigkeiten betrachten und die passende Kombination auswählen, die für Sie die richtige ist, die Ihnen das beste Gefühl vermittelt. Schreiben Sie sich einfach zwei oder drei Situationen aus der Vergangenheit auf, wo Sie im Zweifel sind, ob Sie Ihre Stärken passend eingesetzt haben. Legen Sie den Kompetenzkatalog darüber und schauen, welche Optionen sich ergeben. Vielleicht hatten Sie richtig entschieden oder etwas Anderes wäre besser gewesen. Künftig sollten Sie stets die am besten passende Möglichkeit für sich wählen können.

Vergleichen behindert das eigene Glück

Die Summe und die immer wieder neue Kombination der Kompetenzen entscheiden und machen den Unterschied, ob jemand seine Stärken aktivieren kann. Der Vergleich mit anderen Leistungen ist dabei zunächst sekundär. Erfolg ist zwar das, was eine Leistung im Wettbewerb bewirkt, wie unsere Stärken im Vergleich wirken. Jedoch sollte die Entfaltung der individuellen Stärken sich nicht zuerst am Maßstab der Konkurrenz orientieren. Andere „Vorbilder" können inspirieren und uns aktivieren („Wenn der das kann, dann ..."), aber nicht zum Nachahmen verführen.

Besonders im Wettbewerb mit anderen und gerade, wenn der persönliche Erfolg im Beruf durch den Vergleich mit anderen Leistungen entsteht, zählt die Konzentration auf die eigenen Stärken. Der Grund dazu ist einfach: Den Wettbewerb können wir nicht beeinflussen. Nur unsere Stärken können wir aktiv und zu 100 % ausbilden, um am Ende die Leistung zu bringen, die wir von uns selbst erwarten – und die uns dann auch im Wettbewerb stärker macht. Wollen wir etwas erreichen, sollten wir etwas Eigenes werden oder entstehen lassen. Niemand kann bei einem Erfolg sagen, welchen Anteil die Fehler des Wettbewerbs hatten oder unsere eigenen Leistungen. Nur ob wir unser Potenzial ausgeschöpft haben – das können wir beurteilen. Und ein Vergleich mit anderen lenkt uns nur unnötig ab, das eigene Potenzial zu entfalten.

Niemals perfekt und immer passend

Für das gute Gefühl, passend zur jeweiligen Situation im Alltag die eigenen Kompetenzen eingesetzt zu haben, sollte stets ein Gedanke im Kopf behalten werden: Nie wird man es schaffen, hundertprozentig perfekt zu sein, alles richtig oder erfolgreich zu machen, das vorhandene Potenzial komplett auszuschöpfen. Das ist auch gar nicht entscheidend. Wichtig ist, es zu versuchen. Das Gefühl ist sehr erfüllend, alles getan zu haben, nichts unversucht zu lassen, um seine Stärken zu aktivieren und dadurch Ziele zu erreichen.

Dieses Bewusstsein für die eigenen Stärken und Grenzen ist ein entscheidendes Element für den Erfolg im Alltag. Denn dadurch sind wir in der Lage, das eigene Handeln auch unabhängig vom Ergebnis und der Folge daraus einzuordnen. Beispiel eine Präsentation/Vorstellung/Beratung/Diagnose/... und die Reaktionen von Kunden/Klienten/Mandanten/Patienten/...: Nichts ist schlimmer als zu wissen, dort nicht die bestmögliche Leistung gebracht zu haben. Sie werden sich in diesem Fall nach der eigenen Leistung innerlich sagen: Hätte ich besser machen können! Doch der Kunde/... ist zufrieden, Sie bekommen den Auftrag/ein Lob/eine Auszeichnung/... und dadurch zugleich die innere Aufgabe, beim nächsten Mal noch mehr zu zeigen. Umgekehrt können Sie verlieren/kritisiert werden/... und wissen in diesem Moment spontan nicht, was Sie hätte besser machen können. Beim zweiten Blick auf die eingesetzten Kompetenzen könnten Sie jedoch etwas finden, um Ihre Stärken noch besser zur Situation passend einzusetzen.

Nie aufhören, besser werden zu wollen, um zu den Besten gehören zu können – das Motto kennen Sie vielleicht. Zunächst aber einmal bedeutet es schlicht, seine eigenen Stärken zu mobilisieren, egal was damit bewirkt wird. Letztlich basiert alles auf einer Grundlage: sich selber entwickeln besser zu werden, mit jedem neuen Auftrag, der zu bearbeiten ist, mit jedem neuen Problem, das es zu lösen gilt. Das gilt in jedem Alter, mit 30 und jünger genauso wie mit 60 und älter. Es gibt nichts schöneres und schwierigeres, faszinierendes und manchmal frustrierendes, als sich dieser Aufgabe zu stellen. Eine wichtige Erleichterung können wir uns selber geben, indem wir im Alltag die richtigen Schwerpunkte setzen, wie das nächste Kapitel zeigen wird.

Die richtigen Schwerpunkte setzen 3

Jeder Mensch kennt das Gefühl, sich zu verzetteln oder sich im Kreis zu drehen, nicht aus einem Trott herauszukommen oder Getriebener zu sein. Das Dringende verdrängt das Wichtige, das man sich vornimmt – häufig ausgelöst durch äußere Anlässe, auf die schnell reagiert werden muss. Gerade weil die Sicherheit und Planbarkeit im Alltag sinkt, haben wir unsere eigene Fähigkeit zu stärken, im Alltag die richtigen Schwerpunkte zu setzen. Sonst steigt die Gefahr, ständig vom Strom der Ereignisse mitgerissen zu werden und nur noch zu versuchen, das rettende Ufer zu erreichen, das heißt seine Aufgaben irgendwie erledigt zu bekommen.

Für sich tagesaktuell die richtigen Schwerpunkte zu setzen, braucht vor allem eines: Zeit. Genau geht es darum, weniger Zeit für die lästigen Dinge einzusetzen, die erledigt werden müssen und sich nicht völlig vermeiden lassen. Dadurch erhalten Sie automatisch mehr Zeit für die Aufgaben und Angelegenheiten, die Ihnen persönlich wichtig sind. Jedoch sollte die frei geräumte Zeit nicht wieder völlig verplant werden.

Wichtig ist, im Alltag einen Puffer zu behalten, nach der Faustformel: mäßig aber regelmäßig, zum Beispiel zwischendurch einmal eine halbe Stunde. Wenn dies nicht jeden Tag möglich ist, so zumindest in jeder Woche einige Stunden, die nicht mit irgendwelchen privaten Aufgaben, Freizeitbeschäftigungen oder beruflichen Aufgaben verplant sind. Damit schaffen wir uns auch Zeitraum für die plötzlichen und unvermeidbaren Dinge, die dann aber nicht mehr dazwischen gequetscht werden müssen. Allein durch dieses Quetschen werden die Tätigkeiten schon als lästig empfunden, unabhängig von der Qualität der Anforderungen, die vielleicht sogar sehr interessant sein können.

© Springer Fachmedien Wiesbaden GmbH 2017
M. Groß, *Erfolgreich im Alltag,* essentials,
DOI 10.1007/978-3-658-16436-2_3

Zeit zum „Freiplanen" haben

Das „Freiplanen" ist also eine heute enorm wichtige Fähigkeit, gerade weil uns ja
überall Impulse zum Beschäftigtsein geboten werden, durch die sozialen Medien,
die verschiedenen Mitteilungskanäle usw. Somit schaffen wir uns selbst unnötig
weniger Zeit zum „Freiplanen". Das muss nicht sein, wenn Sie einen anderen
Blick auf Ihre Zeit nehmen.

Beim persönlichen Zeitmanagement geht es nicht darum, innerhalb der gleichen Zeit mehr zu erledigen. Es geht um mehr Zeit für das Wichtige, das Unbe-
kannte und Ungewisse, das uns die Komplexität im Alltag beschert. Dieser
persönliche Freiraum ist umso wichtiger, je stärker Sie im Berufsalltag auf Effi-
zienz „getrimmt" werden. Wir sollten immer „noch etwas Luft haben" und nur
in Ausnahmefällen an unser Limit gehen, wie zum Beispiel in zeitlich klar abge-
grenzten Projekten oder bei der Vorbereitung auf Prüfungen. Dies sollte jedoch
die Ausnahme bleiben und nicht zur Regel werden.

So schaffen Sie für sich mehr Zeit zum „Freiplanen":

Zeitkonten einführen Wenn Zeit Geld ist, können Sie für bestimmte Tätigkeiten
ein Budget ansetzen. Legen Sie für sich für bekannte „Zeitfresser" ein Jahresbud-
get fest. Dagegen buchen Sie die tatsächlichen Aufwendungen an Zeit, die Sie
zur Erledigung aufwenden. Ziel sollte sein, 10 % weniger Zeit zu benötigen als
geplant. Beginnen Sie mit der „Buchführung" des aktuellen Zeitverbrauchs, zum
Beispiel für Ihre Meetings in einem Monat, und prognostizieren Sie daraus den
zeitlichen Aufwand aufs Jahr gerechnet. Wichtig ist, das Budget visuell darzustel-
len, etwa durch eine Säule oder einen Kuchen, der immer kleiner wird. Dann werden Sie achtsamer und handeln konsequenter, lästige Dinge schneller zu erledigen.

Zeit verkürzen Die Einrichtung von Zeitkonten ermöglicht Rituale. Auch für
einzelne „Zeitfresser" können feste Abläufe eingeführt werden, wie etwa für die
Bearbeitung von E-Mails. Ebenso hilfreich ist es, sich strikt an bestimmte Tages-
zeiten zu halten, in denen berufliche E-Mails erledigt werden. Das fördert Ihre
Konzentration und schafft Freiräume. Diese „Slots" können über den Tag verteilt
sein, wie beispielsweise drei Mahlzeiten auch drei E-Mail-Zeiten einzuführen.
Ihrer Kreativität, eigene Rituale zu schaffen, sind keine Grenzen gesetzt.

Komfort reduzieren Luxus führt zu Verschwendung. Wenn Sie ein Treffen im
Stehen abhalten, dann kommen Sie wesentlich schneller auf den Punkt. Eine
gemütliche Atmosphäre verlängert im Alltag Diskussionen unnötig. Unliebsame
Tätigkeiten sollten auch unliebsam sein – nach dem Motto: bloß schnell raus und

weg hier. Je einfacher Sie E-Mails beantworten können, zum Beispiel mit der Sprachfunktion des Mobiltelefons, desto mehr Nachrichten versenden Sie – weil es ja so unkompliziert ist. Sinnloses sollte erschwert werden, um Sinnvolles einfacher erledigen zu können.

Zeit „freiplanen" Luft im Kalender zu lassen ist leicht geschrieben und gesagt, in der Praxis zu Ihrem Leidwesen aber häufig eine große Herausforderung. Überlisten Sie sich und andere, indem Sie Freiräume fest einplanen, statt alles zu verplanen. Weichen Sie nur in Ausnahmenfällen davon ab. Dazu zählen zum Beispiel feste Zeiten für den Sport, ob vor oder nach der Arbeit, oder für den wöchentlichen Kino- oder Theaterbesuch an einem bestimmten Tag. Auch wenn Sie dann letztlich zu Hause bleiben, ist die entsprechende Zeit „freigeplant". Wenn Ihr Kalender von anderen „vollgeknallt" wird, reservieren Sie sich jede Woche unter einem anderen Titel Zeit zum „Freiplanen".

Zeitziele setzen X-fach postuliert und doch nicht immer realisierbar sind zum Beispiel klare Tagesordnungen, nicht nur für einzelne Meetings, vielmehr auf die eigene Arbeit als Ganzes bezogen. Weniger ist mehr: Nehmen Sie sich eine Sache vor, die Ihnen an einem Tag wichtig ist zu erreichen. Mehr nicht. Das kann etwas Großes oder Kleines sein. Das spielt keine Rolle. Gerade vermeintlich Nebensächliches, wie einen Gedanken zum Abschluss zu führen oder eine gewisse Anzahl potenzieller Kunden anzusprechen, kann die Voraussetzung schaffen, etwas zukünftig Großes aufzubauen.

Sie sehen: Es gibt je nach Bedarf und Zeitdruck, den Sie empfinden, sehr viele Möglichkeiten, sich Zeiträume zu schaffen, die frei geplant sind. Idealerweise entsteht ein Automatismus und fließender Rhythmus, den wir nicht mehr kontrollieren müssen. Für den Anfang bietet sich, wie beim Reduzieren des Gewichts, regelmäßiges Überprüfen an, um die Fortschritte zu erkennen und bewusst wahrzunehmen. Jede Stunde unseres Lebens, die wir zum freien Verplanen gewinnen, ist ein wertvoller Gewinn.

Die Mischung macht's

Mit der gewonnenen Zeit lässt sich viel anstellen. „Richtig" ist dabei relativ. Ein Hobby intensiv zu betreiben kann dazu gehören oder auch eine Weiterbildung umzusetzen oder mehr Zeit für die Familie, was sich viele Berufstätige ganz pauschal wünschen. Es kann auch einfach einmal der Müßiggang sein, „die Seele baumeln lassen". Die Liste an Möglichkeiten ist so lang wie die Zahl der Leser dieses *essential*.

Allgemeingültig kann bei einer unendlichen Variation an Interessen und Lebenslagen wenig sein. Ein Punkt ist angesichts der heutigen Anforderungen und Verführungen durch die Digitalisierung vieler Lebensbereiche für alle Menschen relevant: für sich selbst eine gesunde Mischung zu finden, nicht alles unter ein Ziel oder ein Interesse zu stellen, mutig zu sein, sich auf Neues einzulassen. Dies ist keine Frage des Lebensalters oder der Lebensumstände, soweit Körper und Geist noch einigermaßen fit sind.

Stellen Sie sich vor, die Zeit zur „Freiplanung" dauerhaft nur mit einer Tätigkeit zu verbringen. Temporär ist dies gewiss möglich und ggf. auch nötig, erfüllend und anspruchsvoll zugleich, wie zum Beispiel bei Weiterbildungen für den Beruf oder der Pflege von Familienangehörigen. Langfristig betrachtet, also über einen Horizont von mehreren Jahren, würden wir uns unnötig einschränken – angesichts der heutigen Angebote und Chancen, die sich bieten. Eine neue Sportart lernen und vertiefen, Reisen und Entdecken, beides zusammen. Oder etwas Traditionelles zwischendurch – einmal wieder einen guten Roman lesen. Wenn Sie in der „Freiplanung" vieles zulassen, das Ihnen zunächst ungewohnt vorkommt, werden Sie auf manche gute Idee und Inspiration stoßen.

Die Erfahrungen, die Sie beim Setzen Ihrer richtigen Schwerpunkte im Alltag machen, sollten nicht verloren gehen, sondern für Ihre persönliche positive „Lernkurve" nutzbar sein. Dazu eignet sich ein völlig traditionelles analoges Instrument, das seine Kraft zur Aktivierung der eigenen Energien gesteigert hat, besonders weil so viele und immer mehr digitale Helfer heute ihre Dienste anbieten. Gemeint ist das – Notizbuch:

Sie schreiben per Hand auf – gerne tagesaktuell oder zumindest jede Woche – die Gefühle und Erfahrungen, wie Ihr „Freiplanen" klappt, was Sie mir der „neuen" Zeit gemacht haben, ob Ihnen die Tätigkeit wertvoll erscheint, was Sie anders und besser machen möchten.

Dann blättern Sie nach einigen Wochen oder Monaten oder gar einem Jahr zurück und überlegen für sich: Diese neue Idee und Inspirationen habe ich erhalten, diese Herausforderungen konnte ich besser lösen, diese Probleme haben sich erledigt und auch hier hat sich noch nicht viel entwickelt, dort möchte ich mehr für mich tun.

Nicht zuletzt schaffen Sie durch eine vielfältige Gestaltung ihrer täglichen Arbeit und den persönlich richtigen Schwerpunktsetzungen auch die Voraussetzung für ein anderes wichtiges Thema: Sie sorgen für die notwendige Entspannung, das „Luftholen", das jeder Mensch braucht, um im Alltag erfolgreicher zu sein.

Für Entspannung sorgen

4

Das Problem der meisten Menschen ist nicht zu viel Stress und Spannung. Der Mangel an Entspannung und zu wenig Erholungsphasen ist das eigentliche Problem und führt zum Eindruck, übermäßig gestresst zu sein. Der natürliche Wechsel zwischen Spannung und Entspannung findet nicht mehr statt. Viele Menschen sind heute im permanenten „Stand-by Modus". Unerreichbarkeit war vor wenigen Jahren noch Standard – und heute fast schon Luxus.

Wie Junkies hängen Millionen Menschen, nicht nur Geschäftsleute, an ihren Geräten. Klingelt oder vibriert es nicht alle zehn Minuten, werden sie nervös, bis die Erlösung durch den nächsten Schuss, pardon: Ton, kommt. Checke mich! Jetzt! Bei Konferenzen oder Präsentationen, im Kindergarten oder im Restaurant – überall lassen Menschen mitunter alles stehen und liegen, um zu schauen: Was ist los? Niemand ist allein deshalb erfolgreich, attraktiv oder schlau, weil man ständig sein Gerät und damit sich unter Strom hält. Erwiesen ist dagegen, dass Milliarden an Arbeitsstunden eingesetzt werden, um das eine Drittel aller Nachrichten, die überflüssig sind, zu verarbeiten. Effizientes Arbeiten und gegenseitiges Verständnis werden verhindert.

Auch am Bahnsteig oder am Flughafen plaudern die Menschen kaum noch. Sie starren auf ihr Gerät, spielen, simsen oder mailen. Keine Zeit zum Verschnaufen oder auch mal einfach Nachdenken über Dies & Das. Permanent sind wir im Stand-by, weil ja niemand weiß, welche Qualität und Bedeutung ein Signal oder eine Nachricht haben, wenn diese aufblinken. Geht es nur um eine spontane Verabredung zum Mittagessen oder droht ein Kunde mit Kündigung oder …?

In jeden Fall steigt für einen kurzen Moment der Puls. Und diese Momente reihen sich aneinander, dutzend- oder gar hundertfach jeden Tag.

© Springer Fachmedien Wiesbaden GmbH 2017
M. Groß, *Erfolgreich im Alltag,* essentials,
DOI 10.1007/978-3-658-16436-2_4

Unserer Evolution folgen

Dieses Verhalten widerspricht unserer Evolution. Die Stresshormone sorgen in entsprechenden Situationen für den „Turbo", damit wir über uns hinauswachsen können. Als wir Menschen noch Jäger und Sammler waren, lauerte hinter jedem Busch das Abenteuer. Das Verhalten in akuten Stresssituationen – die Kampf- und Fluchtreaktion – diente nur einem: dem Überleben. Über viele tausend Jahre passte sich unser Körper an. Der Adrenalinschub versorgt uns bis heute mit zusätzlicher Energie – ist quasi „natürliches Doping".

Ohne Druck, der die Extraportion Energie freisetzt, kann niemand über sich hinauswachsen. Ohne das Lampenfieber vor dem Bühnenauftritt, die Anspannung vor dem Vortrag oder der Prüfung könnte niemand von uns die optimale Leistung bringen. Druck und Stress helfen, leistungsfähiger als sonst zu sein. Stress mobilisiert, wohl dosiert, wichtige Körperfunktionen, erhöht unsere Aufmerksamkeit, beugt Gleichgültigkeit vor.

Spannend ist, was im Körper passiert, wenn die Gefahr gebannt oder die Beute erlegt, die Prüfung bestanden oder Präsentation erfolgreich gelaufen ist. Evolutionsbedingt folgt nach der Anspannung jeweils die Entspannung. Der Mechanismus ist ganz einfach: Unsere Stresshormone hemmen, quasi als Nebenwirkung, die eigene Ausschüttung. Wir kommen dadurch automatisch „wieder runter". Zum Beispiel fahren wir nach kritischen Situationen im Straßenverkehr wenige Minuten später wieder ganz entspannt herum. So lautet zumindest der Rhythmus, den die Natur uns gegeben hat. In der richtigen Konzentration wirken Druck und Stress also belebend. Ein Zuviel an Spannung und Zuwenig an Entspannung stumpft ab.

An das Wechselspiel von Spannung und Entspannung an jedem Tag oder in jeder Woche müssen wir uns in der heutigen Arbeitswelt leider bewusst erinnern, um nicht durch viele kleine Stressimpulse auszubrennen. Denn Art und Dauer der Belastungsphase strahlen in die Erholungsphase aus. Je länger und stärker die Belastungsphase anhält, umso länger dauert es, bis man sich davon erholt und wieder fit in die nächste Belastungsphase hineingehen kann. Anderenfalls addiert sich der Belastungsstress auf. Nach einem stressigen Arbeitstag fühlt man sich zum einen innerlich überdreht und angespannt, zum anderen energie- und kraftlos. So kann sich ein gefährlicher Kreislauf hochschaukeln. Der berühmte lange Jahresurlaub kommt dann manchmal zu spät – ohne die kleine Entspannung zwischendurch.

Um es ausdrücklich zu sagen: Hier geht es „nur" um die alltäglichen, von uns selbst noch beherrschbaren Druckzustände und -situationen. Ihre Selbstführung braucht den Druck, Fähigkeiten zu prüfen und zu fordern. Jeder Stress ist ein produktiver Reiz, solange wir seine Stärke und Dauer beherrschen! Diese Kompetenz ist elementar für unsere eigene Führung.

Im Alltag für Entlastung sorgen

Wenn wir, von Natur aus, nicht zu viel Stress haben, was ist dann das Problem? Das Problem, das wir uns selbst schaffen, ist unser Mangel an bewussten Erholungsphasen. Wir sind nicht zu gestresst, wenn wir uns auch Pausen gönnen. Wir sind Opfer der eigenen Möglichkeiten. Wir geben immer mehr und massiv Kontrolle ab. Selbstführung bedeutet nicht, Stress zu vermeiden, vielmehr Druck zu dosieren. Dabei geht es um ganz alltägliche Dinge.

Beispiel E-Mails und andere Nachrichten:

Es gibt selten einen unabweisbaren Grund, jederzeit E-Mails empfangen und unmittelbar beantworten zu müssen. Wir sind selbst schuld am Teufelskreis, den wir aufbauen: Je schneller man mit dem Antworten zu jeder Zeit wird, desto größer wird beim Absender die Erwartung auf sofortige Antwort. Der Gedanke „Warum antwortet der nicht? Ist der krank oder faul?" wächst durch den sozialen Druck, der auch in vielen Unternehmen unter dem Mantel der Flexibilität und „freien" Einteilung von Arbeitszeiten herrscht. Dabei ist die ständige Präsenz nachweislich auch wirtschaftlich kontraproduktiv. So erfordern die dauernden Störungen durch die direkte Mitteilung jeder Kleinigkeit mehr Zeit, um sich wieder auf die Arbeit oder die Aufgabe zu konzentrieren, als die erhoffte Ersparnis durch den schnellen Austausch von Informationen.

Wir entscheiden doch auch, wann wir Briefe öffnen, lesen und beantworten. Probieren Sie es aus: „Pullen" Sie auch Ihre elektronische Post und lassen sich nicht ständig „pushen". Das bedeutet: Selbst E-Mails und andere Nachrichten abrufen, mit einem Knopfdruck. Und zwar, wenn Sie dafür bereit sind. Das kann alle fünf Minuten oder auch nach einem ganzen Tag sein. Beim Abrufen selektieren Sie dann spontan in drei Kategorien, 1) welche E-Mails sofort beantwortet werden, die keine intensive Beschäftigung erfordern, 2) für welche Sie sich später Zeit nehmen und 3) welche sofort gelöscht werden können. Dadurch türmt sich eigentlich nie ein großer Stapel an unbearbeiteten Nachrichten auf.

Beispiel regelmäßiges „Durchschnaufen":

Zwar ist erwiesen, dass kurze Pausen, sogar nur wenige Minuten Müßiggang, die regelmäßig eingelegt werden, die positiv wirksamen geistigen und körperlichen Energien stärkt und sogar mobilisieren kann. Die kurzen Augenblicke genügen, um sich auf das Wesentliche, das jetzt ansteht, zu konzentrieren. Dieses Wissen genügt nicht.

„Entschleunigung" ist deshalb ein Modewort, das aber den falschen Ansatz propagiert. Bei Ihrer Selbstführung geht nicht darum, insgesamt alles etwas langsamer zu machen. Es geht darum, die richtige Mischung zu finden – vom richtigen Gas geben und sich Druck machen bis zum einfach einmal loslassen und innehalten.

Heute geht bei Ihnen im Beruf das eine oder andere Wochenende oder die eigentlichen freien Tage drauf. Das sollte aber die Ausnahme, nicht die Regel sein. Noch vor zehn Jahren hätten Sie sich selbst für verrückt erklärt, sich extra vorzunehmen, einen Tag nicht elektronisch zu kommunizieren. Heute müssen sich das fast alle Menschen in den Industrieländern vornehmen, um nicht verrückt zu werden.

Jeder Zeitrhythmus braucht einfach den Wechsel von Spannung und Entspannung – jede Woche oder auch jeder Tag. Man benötigt Pausen, um in diesen den Stress abzubauen oder auch, um sich vorzubereiten. Sie haben bestimmt schon im Fernsehen gesehen, wie zum Beispiel vor Ski- oder Bobrennen Sportler die Strecke im Kopf durchfahren und dabei sanft den Körper wiegen, um danach – voll entspannt für den folgenden Druck – zu wirken, als ob sie durch die Kamera schauen. Diese wenigen Minuten der Konzentration sind elementar zur Entspannung, bevor der Stress beginnt. Der Puls sinkt und die Hormone befinden sich in einem stabilen Gleichgewicht.

Sie können das auch. Zum Beispiel können Sie mindestens eine Viertelstunde vor Präsentationen das Telefon ausschalten. Ganz einfach: Aus! Einen Anruf müssten Sie jetzt ohnehin abwimmeln. Wichtige Fragen könnten Sie gar nicht mehr klären. Jedoch würden Sie abgelenkt, die Dramaturgie der Präsentation durchzuspielen, welche Aspekte wie hervorgehoben werden oder welche Fragen der Kunde aufwerfen könnte. Durch die Vorbereitung entwickeln wir einen Automatismus, schwierige Situationen und den Stress dadurch zu meistern, wenn die Ereignisse nicht so geplant kommen.

Rituale schaffen und folgen
Probieren Sie es aus, gezielt im Alltag Minipausen einzubauen, um sich, gerade in oder vor Stresssituationen, zu sammeln oder wieder auf die Spur zu setzen. Wir haben heute den Vorteil, in der Regel zu wissen, wann ein Löwe hinter dem Busch steht.

Sie können, wenn Sie der Meinung sind, nur durch Gefühl und Beobachtung Ihren Druck und Stress in gesunden Bahnen nicht mehr lenken zu können, sich die Methoden auswählen, um das persönliche Stressmanagement zu verbessern – ohne Stress komplett zu vermeiden. Denn, wie gesagt, Stress in Maßen ist eher gesund. Bauen Sie als Teil Ihrer Selbstführung bewusst Rituale ein, die ein ausgewogenes Maß an Spannung und Entspannung ermöglichen sowie je nach Stressumfang justierbar sind.

Diese Rituale können sehr unterschiedliche Lebensbereiche umfassen und mit dem eigentlichen Anlass nichts zu tun haben, um als Ablenkung und Entspannung zu dienen. Bewährt haben sich bei vielen Menschen Methoden, die eine andere aktive Beschäftigung enthalten. Dazu zählt nicht nur der Sport, indem man sich zum Beispiel feste Trainingszeiten zum Joggen oder das Fitness-Studio vornimmt. Und wenn ein Abschnitt verpasst wird, gibt es klare Regeln zum Nachholen. Auch Musik, gehört oder gespielt, kann – außer man ist Profi-Musiker – einen großen Effekt zum Stressabbau liefern.

Vermeiden Sie es möglichst, direkt im Anschluss an einen Stressmoment – vor allem, wenn dieser negativ verlaufen ist – sofort wieder auf dem Gaspedal zu stehen. Es ist absehbar, dass dann Ihre negative Emotion auf den anderen Tätigkeiten ausstrahlt. Manchmal reichen schon ein kurzer Gang zur Toilette und ein Blick in den Spiegel zum Aufräumen und „runter kommen". Genauso kann der Weg von der Arbeit, ohne etwas zu tun in der Bahn oder im Auto oder auf dem Fahrrad zu sitzen, „Wunder wirken". Mitunter kommt ein Stau wie gerufen, um noch ein paar Minuten mehr Zeit zu haben. Sie sehen, hilfreiche Gewohnheiten können sehr unterschiedlich sein. Doch jeder sollte welche haben, um das eigene Wechselspiel von Spannung und Entspannung zu finden, das eine wichtige Bedingung für den dauerhaften Erfolg im Alltag ist.

Eigene Unsicherheit beherrschen 5

Wer zu viel plant, den überrascht jeder Zufall. Das gilt besonders im Beruf, zum Beispiel eine neue Struktur von Abteilungen, eine Standortschließung oder auch eine plötzliche Karrierechance durch die unerwartete Kündigung eines Kollegen. Was passieren wird, ist immer weniger kalkulierbar. Die Unsicherheit, was den eigenen Weg anbetrifft, wächst. Das ist kein Wunder. Denn die Welt um uns wird immer mehr VUCA.

Das Akronym VUCA setzt sich zusammen aus den englischen Begriffen Volatility, Uncertainty, Complexity sowie Ambiguity und wurde erstmals Anfang der 1990er-Jahre in Zusammenhang mit der Ausbildung in der US-Army verwendet. Es beschrieb damals die zunehmend komplexe Planung von Militäreinsätzen. Forciert durch die Digitalisierung, hat sich VUCA während der letzten Jahre auch übergreifend als Begriff etabliert. Die vier Buchstaben bezeichnen die Ursachen für das Gefühl, immer machtloser zu sein, wie wir unser Leben im Alltag gestalten können:

- Volatility bezeichnet das Schwankende und Sprunghafte in unserer Umwelt.
- Uncertainty zeichnet die zunehmende Ungewissheit über die Zukunft aus.
- Complexity nimmt die Intransparenz des Fortschritts durch immer stärker werdende Vernetzung und Dynamik auf.
- Ambiguity kennzeichnet der Mehrdeutigkeit und Vielschichtigkeit der Möglichkeiten, die sich uns bieten.

Alle vier Faktoren beeinflussen sich gegenseitig. Wir können uns den daraus resultierenden Bedingungen nicht entziehen. Letztlich stellt sich jeder Einzelne die Herausforderung, die sich aus VUCA ergebenden unterschiedlichen Handlungsmöglichkeiten zu nutzen und dadurch auch die eigene Unsicherheit zu beherrschen.

© Springer Fachmedien Wiesbaden GmbH 2017
M. Groß, *Erfolgreich im Alltag,* essentials,
DOI 10.1007/978-3-658-16436-2_5

Szenarien zur Zukunft erstellen

Um vorhandene Bedenken einzuordnen sowie Herz und Hand für sich in Einklang zu bringen, sind die vorhandenen Informationen zu bewerten und zu verknüpfen. Dabei richtet sich der Blick in die Zukunft. Die ist zwar schon immer ungewiss. Aber durch die verwirrenden Ereignisse und Erfahrungen heutzutage erscheint die Zukunft häufig noch unsicherer.

Prognosen und Szenarien sind elementar, damit Sie Risiken minimieren können und Kompromisse möglich sind, wie etwa bei der Entscheidung über den Vertragsabschluss mit einem neuen Kunden, der Wahl eines eigenen neuen Arbeitsplatzes oder der Entscheidung für eine andere Position im Unternehmen. Die reinen Fakten, beispielsweise das Honorar, Gehalt und die Arbeitszeiten am ersten Tag, sind bekannt, jedoch nicht allein entscheidend. Die mittelfristigen Perspektiven und Chancen, Herausforderungen und Risiken sind wichtiger. Und hier haben die VUCA-Faktoren erheblichen Einfluss.

Zudem bringt keine Entscheidung ausschließlich Vorteile mit sich. Mögliche Nachteile sind zu akzeptieren und wir sollten uns durch sie nicht abhalten lassen. Dazu kommen eine große Auswahl an Möglichkeiten und Einflussfaktoren, die dazu führen könnten, dass Sie zögern und nicht zukunftsweisend handeln. VUCA heißt, es können immer Dinge passieren, die uns nicht „in den Kram passen". Tendenziell treten Ereignisse sogar häufiger auf, die von der Planung abweichen.

Ausschlaggebendes Kriterium zur Bewertung von Informationen, die Ihnen zur Verfügung stehen oder erlangen können, ist deren Bedeutung für die Zukunft. Eine ganz wichtige Rolle spielen hier Ihre eigenen Erfahrungen sowie Informationen, die sich auf die Vergangenheit beziehen. Diese sind richtig einzuordnen, damit Sie unseren Blick in die Zukunft nicht alleine prägen. Alle Informationen, die Sie haben, sollten Sie in drei Körbe sortieren – gedanklich oder auch ganz praktisch in einer Auflistung:

- *Früher:* Dieser Korb enthält alle Daten und Informationen über Ereignisse und Erfahrungen der Vergangenheit, wie zum Beispiel Bewertungen anderer Kunden oder Mitarbeiter.
- *Jetzt:* Hier sammeln Sie alle verfügbaren Informationen über den Istzustand beispielsweise welche Angebote zur Weiterbildung bei dem Unternehmen, bei dem Sie sich bewerben möchten, bestehen.
- *Künftig:* In diesen Korb füllen Sie Informationen zur künftigen Entwicklung etwa eines Unternehmens oder einer Branche, zum Beispiel vor dem Hintergrund möglicher Auswirkungen der Digitalisierung.

Seien Sie gewarnt, sollte sich der Großteil der Informationen im ersten Korb befinden. Träfen Sie auf dieser Grundlage eine Entscheidung, setzten Sie unausgesprochen auf die Annahme, dass für die Zukunft die gleichen Parameter gelten wie für die Vergangenheit. Das ist sehr unwahrscheinlich. Zumindest ein Teil der Informationen sollte sich im Korb „Künftig" befinden. Diese Daten sind naturgemäß eher ungenau, im Vergleich zum Korb „Früher", und eher subjektiv oder sogar spekulativ. Das gilt zum Beispiel dann, wenn Sie Expertenmeinungen aufnehmen, wie deren Blick auf die weitere Entwicklung einer Branche oder eines Unternehmens ist. Doch sind diese Angaben wichtig, damit Sie zukünftige Entwicklungen nicht „aus heiterem Himmel" treffen.

Der größte Vorteil der Angaben im Korb „Künftig" besteht darin, für sich daraus Zukunftsszenarien entwickeln zu können. Betrachten Sie mögliche Ereignisse als Tatsache, vor allem die, die von Nachteil wären. Überlegen Sie, was daraus für Sie folgen könnte. In vielen Branchen zählen dazu die Auswirkungen der Digitalisierung, sodass die Frage aufkommt, wie lange es eine Abteilung noch gibt oder eine bestimmte Leistung noch erforderlich ist. Kann ein Job zukünftig auch digital erledigt werden, müssen Sie alternative Aufgaben, Verantwortlichkeiten und Chancen für sich prüfen. Die Antworten darauf sollten möglichst bildhaft sein, wie zum Beispiel der neue veränderte Tagesablauf, der sich für Sie ergeben könnte.

Sie schaffen Scheinsicherheit, wenn Sie sich auf ein Szenario festlegen, das nur mit dem „Früher" und „Jetzt" in Verbindung steht. Dieses Bild scheint vorteilhaft, weil es vertraut ist, zugleich aber auch eine geringe Dynamik für Veränderung unterstellt. Das Undenkbare, das VUCA schaffen kann, können Sie für sich so nicht greifen. Vor allem schränken Sie Ihre Chancen unnötig ein.

Um sich vom „Früher" und „Jetzt" nicht zu sehr beeinflussen zu lassen, müssen Sie kein Visionär sein. Es genügt, ein Thema aus unterschiedlichen Blickwinkeln zu betrachten, um für sich neue Zusammenhänge zu entdecken. In der Wissenschaft wird dieses Vorgehen in sogenannten Querschnittstudien angewandt. Dort werden Informationen aus verschiedenen Erhebungen miteinander kombiniert, um daraus neue Erkenntnisse oder Ansätze für die weitere Forschung zu gewinnen bzw. Wenn-dann-Szenarien abzuleiten.

In Ihrer aktuellen beruflichen Praxis bietet sich dieses Vorgehen zum Beispiel sehr gut für die Konkretisierung der Karriereperspektiven an. Diese sind von so vielen Variablen abhängig, die interagieren und die Sie nur teilweise durch Ihre eigene Leistung beeinflussen können. Dies sind Ereignisse in Ihrem direkten Umfeld, wie das Verhalten von Kollegen und Ihren Chefs, Entscheidungen der Unternehmensleitung zur weiteren Geschäftsstrategie und Auswirkungen durch Aktivitäten des Wettbewerbs. Dann ändern sich die Anforderungen der Kunden, die für Sie den Bedarf auslösen, Ihre eigenen Kompetenzen weiterzuentwickeln, um überhaupt noch Karrierechancen zu besitzen.

So werden Sie sofort aufmerksam für andere Optionen und können diese kombinieren. Daraus werden sich Perspektiven ergeben, an die Sie bisher nicht gedacht haben, zum Beispiel sich in andere Fachbereiche zu orientieren, die mehr Zukunftspotenzial haben. Und es werden sich auch negative Szenarien herausstellen, mit denen Sie nun aber besser umgehen können, falls Sie für sich zunächst nichts ändern.

Prognosen forcieren unsere Entscheidung

Aus der Kombination der harten Fakten in den drei Körben „Früher", „Jetzt" und „Künftig" mit Ihren Szenarien ergibt sich eine handfeste Prognose, was passieren könnte, wie Sie Ihre Energie und Ihren Einsatz ausrichten, um die wichtigen Faktoren zu beeinflussen, die Sie beeinflussen können. Damit machen Sie die Ergebnisse aus den vielfältigen Ereignissen und Entwicklungen fassbar und für Ihre Entscheidungen und Ihr Handeln nutzbar. Sie bekommen so ein Bild und ein Gefühl für mögliche, in jedem Fall für Sie relevante Auswirkungen Ihrer Entscheidungen und was diese letztlich für Sie bedeuten können.

So gestalten Sie Ihre Zukunft und beherrschen die eigene Unsicherheit. Denn Sie werden sicher sein, in der aktuellen Situation die jeweils richtige Entscheidung zu treffen, natürlich ohne die Garantie zu haben, dass die anvisierten Ergebnisse und Folgen aus Ihrem Handeln auch eintreten werden. Und Sie werden das Gefühl haben, auf bestmögliche Weise mit bestehenden Unsicherheiten umzugehen, wohl wissend niemals ganz das eigene Schicksal beeinflussen zu können.

Nun können Sie einwenden, dass mit den Prognosen und Szenarien immer unvollständig sein werden: Wie soll ich denn alle denkbaren und auch undenkbaren Szenarien entwickeln und dann auch noch beherrschen? Das geht nicht! Und darum geht es auch nicht!

Sie sollen vielmehr die für Sie in Ihrer aktuellen Lebenssituation und für Ihre angestrebten Ziele relevanten Szenarien aufbauen und daraus Prognosen ableiten. Damit können Sie Ihre Erwartungen in eine für Sie geeignete Richtung lenken und vor allem die Komplexität um Sie herum als Chance nutzen. Das bedeutet, dass aus den gleichen Informationen, die sich in den drei Körben befinden, für jeden Menschen ganz andere Szenarien ergeben können. Der eine wird nichts verändern, der Nächste wird seine Kompetenzen weiterentwickeln und wieder ein anderer zu ganz neuen Ufern aufbrechen, je nachdem, wie ihre Bedürfnisse und Ziele sind.

Mit der Szenario-Arbeit werden Risiken für die persönliche Zukunft minimiert und Unsicherheiten beherrschbar. Außerdem haben Sie danach eine größere

Gewissheit, den passenden Weg einzuschlagen, und können ihn mit Überzeugung verfolgen. Ein Risiko ist jedoch nicht zu beseitigen und soll nicht verschwiegen werden: Nicht jede Information ist für uns verfügbar, manche Informationen werden uns vorenthalten oder einige sind schlicht falsch. Das können wir nicht ändern. Gerade wegen dieser latenten Ungewissheit ist es wichtig, stets selbst Szenarien zu bilden und daraus die für uns beste Option wählen. Sonst beherrscht uns VUCA – und nicht umgekehrt. Sonst verzweifeln wir bei nächster Gelegenheit, wenn sich uns mal wieder ein Hindernis in den Weg stellt.

Hindernisse bewältigen

Auch aus Steinen, die einem in den Weg gelegt werden, kann man etwas Schönes bauen. Das hat vor über 200 Jahren Johann Wolfgang Goethe gesagt, der berühmte Dichter des „Faust". Steine, die auf unserem Weg liegen, können unterschiedlich groß, leicht oder schwer zu bewegen sein, plötzlich auftauchen oder erwartet worden sein. Kaum ein Hindernis ist gleichartig zu bewältigen.

Bei manchen, vor allem größeren Hindernissen ist ein Schritt zur Seite notwendig, wenn zum Beispiel eine anvisierte Position im Unternehmen nicht mehr frei ist. Oder auch einige Schritte zurück sind angebracht, um wieder den Überblick und neue Perspektiven zu gewinnen, zum Beispiel wenn der Job verloren geht. Viele Hindernisse sind aber eher alltäglich und lästig, können also eigenhändig beseitigt werden. Dazu zählen ungeliebte Tätigkeiten, wie Anfragen vom Chef oder von Kunden, die ungelegen kommen. Aber je schneller man diese erledigt, desto weniger beschäftigen sie uns.

Wenn Sie jetzt fragen, ich bin ja schon voll ausgelastet, wie soll ich das schaffen? Dann blättern Sie am besten zurück ins dritte Kapitel, wie Sie die notwendige Zeit zum zügigen Steine wegräumen „freiplanen". Leichte und einfach nur lästige Hindernisse sollten Sie stets schnell wegräumen. Dadurch können Sie Ihre Aufmerksamkeit auf die Hindernisse richten, die tatsächlich hohe Aufmerksamkeit und hohen Einsatz „verdienen".

Selbstverständlich ist der erste Gedanke bei Hindernissen, denen man nicht einfach ausweichen kann: „Das darf doch nicht wahr sein!". Wenn sich der erste emotionale Ärger gelegt hat, ist (fast immer) eine Kehrtwende ermöglicht. Etwas Schönes bauen bedeutet, in Hindernissen eine Chance für die eigene Entwicklung zu sehen, ob als Weckruf oder auch Bewährungsprobe. Die Situation selbst kann meistens nicht mehr verändert werden. Sie selbst können sich aber anpassen und Ihre Fähigkeiten neu justieren. Typische Hindernisse entstehen heutzutage aus

© Springer Fachmedien Wiesbaden GmbH 2017
M. Groß, *Erfolgreich im Alltag*, essentials,
DOI 10.1007/978-3-658-16436-2_6

der technologischen Entwicklung. Wettbewerber setzen neue Lösungen ein, die eigene Kompetenz ist nicht mehr ausreichend. Etabliertes Wissen veraltet – die Frage ist nur wann und wie schnell.

Im persönlichen und privaten Bereich gibt es ebenso genügend Anlässe, die Hindernisse aufbauen können, in der Familie und Partnerschaft, in der Aus- und Weiterbildung, in Freizeit und bei Hobbys. Hier gibt es letztlich jedoch nur ein ultimatives Hindernis, die eigene Gesundheit. Probleme, die hier entstehen, sind manchmal nicht zu reparieren und verändern das gesamte Leben. Erfolgreich im Alltag zu sein bedeutet hier vielleicht, wieder reden oder aufstehen zu können. Vergleichbar ist im Beruf am ehesten die Pleite seines Unternehmens und dem Verlust des Arbeitsplatzes. Zwar ist hier die Gesundheit intakt. Aber im Effekt verändert die Erfahrung, seine Kompetenzen nicht mehr nutzen zu können, das Leben ebenfalls grundlegend. Unter dem Strich heißt es dann meist: Zurück auf Los! Bei allen Ereignissen mit enormer Tragweite gilt es, sich letztlich daran zu erinnern: Ertragen, was wir nicht ändern können. Gestalten, was wir bewegen können.

Gestalter prüfen neue Optionen

Sich schlicht damit abzufinden, was nicht mehr verändert werden kann. So hart es auch ist. Diese Haltung zeichnet Gestalter aus, die im Gegensatz zu Erduldern, die stehen bleiben und mit dem Stein, der vor ihnen liegt, hadern. Gestalter prüfen Optionen, die sich nun bieten und entschieden dann, welchen Weg sie nun nehmen können, zur Seite oder auch ein wenig nach hinten oder doch unverhofft weiter nach vorne.

Blicken Sie zunächst kurz einmal zurück, um zu entdecken, dass in Ihnen auch ein Gestalter steckt. Sie dürften in Ihrem Leben auch einige Hindernisse entdecken, die Sie, nachträglich betrachtet, weiter gebracht haben, als Sie zunächst dachten. Überlegen Sie, wie Sie diese Hindernisse bewältigt und welche neue Chancen sich eröffnet haben, die sonst unentdeckt geblieben werden.

Dieses Selbstbewusstsein ermöglicht einen entspannten Umgang mit künftigen Herausforderungen. Ich kann es! Wenn ich ein Hindernis annehme und als Chance wahrnehme, so bitter auch die Erkenntnis im Einzelfall sein mag, dass geplante Wege sich nun verschlossen haben. Dazu gehört im Einzelfall auch ein „Durchschnaufen", nicht eine Minute, manchmal eine Nacht oder auch einige Tage, je nach den Umständen, der Notwendigkeit und Möglichkeit zur Verarbeitung.

Gestalter sind keine Zweckoptimisten, nach dem Motto „Alles halb so wild". Gestalter lassen Ereignisse auch „sacken", denken über das Hindernis und dessen Wirkung nach. Dabei verschwenden sie keine Zeit mit unnötigem Forschen nach den Ursachen. Denn diese sind angesichts VUCA immer seltener klar zu identifizieren. Ohnehin hilft die Kenntnis nur, ein erneutes Eintreten zu vermeiden. Eine Vermeidungsstrategie hilft aber eher selten dabei, für sich den richtigen Weg in die Zukunft zu finden. Mit einer positiven Grundhaltung gegenüber negativen Ereignissen und den möglichen Folgen richtet sich der Blick nach vorne in Richtung neuer Optionen.

Selten gibt es zur Bewältigung eines Hindernisses nur eine Möglichkeit. Häufiger gibt es eine naheliegende Option oder eine „Entweder … oder … Alternative". Dazu zählt die (angedrohte) Kündigung eines Kunden oder Mitarbeiters: ziehen lassen oder die weitere Zusammenarbeit sichern. Dafür gibt es zumeist mehrere Wege. Das gilt auch für die meisten Hindernisse, die uns der Alltag beschert. Ein gewisser Zeitdruck kann vorteilhaft sein, damit nicht im Dickicht von Details der Blick für die wesentlichen Aspekte der Varianten verloren geht.

Der beste Weg ist, sich für jede Option, die wir erkannt haben, die wichtigsten drei Vor- und Nachteile als Stichpunkte zu notieren und diese gegenüber zu stellen. Lassen Sie auch eher spekulative Aspekte zu, die in die Zukunft weisen und einige Unsicherheit aufweisen. Stellen Sie sich vor, dass diese Folgen aus einer Option tatsächlich eintreffen und bewerten Sie die Bedeutung für Sie. Relativ schnell kristallisiert sich heraus: „Das geht ja gar nicht!" oder auch „Das wäre ja nicht so schlecht, wie ich zunächst dachte".

Gehen Sie, um noch klarer für sich zu werden, noch einen Schritt weiter. Überlegen Sie, was Sie anderes verpassen oder liegen lassen müssten, wenn Sie eine Option wählen oder nicht wählen. Dadurch wird Ihr Bild zu den möglichen Optionen noch runder. In den meisten Fällen führt dieses Ausschlussverfahren zu einer klaren Präferenz, entweder für eine oder auch für zwei Optionen. Dann müssen Sie eine Entscheidung treffen.

Entscheidungen zügig treffen
Die Antwort, was Sie tun sollten, sollte nicht ewig dauern. Die schlechteste Entscheidung ist bekanntlich keine Entscheidung. Inzwischen wurde sogar durch Experimente die Alltagsweisheit nachvollzogen, dass es eine bewährte Methode ist, „eine Nacht drüber zu schlafen". Werden Menschen vor ein gleiches Hindernis, das mehrere Optionen offen lässt, und damit vor eine Entscheidung gestellt, gibt es in der Regel drei Möglichkeiten: den spontanen Entschluss, die zeitnahe und die lang überlegte Entscheidung.

In der Regel haben Sie schnell alle wichtigen Entscheidungsparameter gesammelt, sogar bei großen Themen, ob man zum Erhalt eines Jobs sein Gehalt reduzieren oder kurzarbeiten würde oder doch mit einer Abfindung das Unternehmen verlässt. Oder ob man das extrem geringe Angebot eines Kunden annimmt oder nicht. Soweit die Zeit zur Auswahl besteht, ist in der Regel eine Entscheidung spätestens nach wenigen Tagen die beste. Das lässt sich auch ohne Experiment leicht nachvollziehen. Spontane Entschlüsse sind sehr stark von Emotionen geprägt. Es ist schwer, in der akuten Situation die wichtigsten Folgen zu erkennen und abzuschätzen. Die Gefahr, dass uns ein wichtiger Aspekt durchrutscht, ist groß.

Lange über eine Entscheidung nachzudenken, birgt die Gefahr, durch das Abwägen aller denk- und undenkbaren Konsequenzen und möglichen Ereignisse den Blick für die wirklich wichtigen Faktoren zu verlieren. Plötzlich bekommen Aspekte, die anfangs wenig relevant waren, eine unangemessen große Bedeutung. Im Ergebnis kommen häufig faule Kompromisse oder keine Entscheidungen heraus. Nach ein, zwei, drei Tagen haben wir doch fast immer die wichtigsten Eckdaten für uns erfasst. Wir wissen zum Beispiel, ob wir uns leisten können, eine Abfindung anzunehmen, und kennen den Horizont, der uns mit der Summe zur Jobsuche bleibt und ob der Zeitraum realistisch ist. Die erste negative Emotion ist verflogen und nach vielen Wochen wird sich die Lage auch nicht verändert haben.

Im Zweifel greifen Sie zur Feder und schreiben eigenhändig die wichtigsten Argumente für und gegen jede Entscheidung auf, sowohl die rationalen als auch die emotionalen, also zum Beispiel wie Sie an einem Job oder Kunden hängen. Dann markieren Sie die verschiedenen Faktoren mit einem, zwei oder drei Plus und Minus-Zeichen. Dies dient auch der visuellen Vergegenwärtigung, wie ich dem Hindernis oder meiner Schwäche am besten begegnen kann, welche Faktoren am bedeutsamsten sind. Es kann sogar ein Faktor den Ausschlag geben, sich so und nicht anders zu entscheiden.

In jedem Fall haben Sie sich aufgezeigt, was JETZT der beste Umgang mit einem Hindernis und die entsprechende richtige Entscheidung ist. Niemals werden Sie erfahren, ob einen andere Entscheidung besser gewesen wäre. Dieser Gedanke kommt auf, wenn sich die Entscheidung nicht die erhoffte Lösung bringt. Erinnern Sie sich dann daran, dass in der Situation, in der Sie entscheiden mussten, dies nach besten Wissen und Gewissen für sich (und ggf. andere) getan hatten. Jedes Hindernis erfordert, mehr oder weniger sich zu verändern. Jede Entscheidung ist ein Wagnis. Aber wie heißt es so schön: Nur wer wagt, der gewinnt. Das wird das nächste Kapitel deutlich machen.

Wagnisse eingehen

7

Wenig ist schöner, als etwas unerwartetes, überraschendes zu leisten, besonders wenn man zuvor etwas gewagt und sich überwunden hat. Nur so ist zum Beispiel erklärbar, dass Millionen von Menschen im Jahr einen Marathon laufen und sich riesig freuen, als 7564ter in knapp unter fünf Stunden ins Ziel zu kommen, nach monatelanger Vorbereitung zuvor. Im Alltag kommt es in der Regel auf eher kleine Wagnisse an, um erfolgreicher zu sein. Dafür helfen keine spektakulären „Tests", die einmal große Überwindung erfordern, wie ein Bungee-Sprung oder sonstige Mutproben.

Wer immer das tut, was sie/er schon kann, bleibt immer die/der, was sie/er schon ist. Im Wahlspruch von Henry Ford, der die Fleißbandarbeit im Automobilbau perfektionierte, liegt eine Erkenntnis, die wir leicht verstehen, aber ihr nur schwer folgen. Unser Erfolg von heute basiert auf Leistungen von gestern, unsere Stärken gründen auf früher gelernten Fähigkeiten. Neues zu wagen, schafft immer Perspektiven, ohne Garantie für einen Erfolg.

Etwas zu wagen, das hat immer mindestens zwei Seiten. Zum einen werden bisherige Gewohnheiten oder Techniken, Methoden oder Beziehungen infrage gestellt oder bleiben auf der Strecke. Zum anderen schafft Neues Perspektiven. Eine Alternative, Neues anzunehmen, besteht ohnehin kaum: Wehren ist zwecklos. Das Neue entsteht ohne unser Mitwirken – sei es durch die Zufälle der Evolution, die für ein Menschenleben aber zu lange dauern. Sei es durch Naturgewalten, die leider zunächst für Zerstörung sorgen. Sei es durch historische Brüche, die durch Kriege oder Revolutionen auf bestehende Systeme akut negative Kraft entfalten.

Oder das Neue entsteht, so ganz im Kleinen, durch uns selbst – für uns und andere. Wandel ist Chance, immer. Wer glücklich sein möchte, muss sich oft verändern. Das Neue ist faszinierend und damit sehr motivierend. Erfolge basieren

© Springer Fachmedien Wiesbaden GmbH 2017
M. Groß, *Erfolgreich im Alltag, essentials*,
DOI 10.1007/978-3-658-16436-2_7

auf Evolution, selten auf Revolution und nie auf Konservation. Nur wer wagt, gewinnt über heute hinaus.

Das Neue hat es jedoch immer schwer – in uns. Denn wir sind komfortorientiert: An dem festzuhalten, was man kennt, ist nun mal viel einfacher, als immer wieder das Bessere zu finden. Aber heutzutage, angesichts von VUCA, gilt mehr denn je: Jede starre Routine ist eine Gefahr für dauerhaften Erfolg.

Gerade wenn es läuft, hat man die Chance, etwas Neues zu wagen. Aus der Position der Stärke ist es wesentlich leichter, etwas zu unternehmen, als durch äußeren Druck oder das Verfehlen der eigenen Ansprüche, zwanghaft etwas ändern zu wollen. In Wirklichkeit ist es am schwierigsten, etwas neu zu beginnen, wenn man durch seine bisherigen Leistungen erfolgreich ist.

Das Wagnis des Neuen gibt keine Garantie, besser zu werden oder Bester zu bleiben oder erfolgreich zu sein. Es gibt dazu nur eine höhere Chance. Unsere Vernunft hilft zwar, die Chancen und Risiken abzuwägen, wenn wir den Job wechseln oder ein Unternehmen gründen wollen, wenn wir ein Haus bauen oder eine Wohnung kaufen, eine Aus- oder Weiterbildung starten möchten. Das viele Abwägen, Hin- und Herwälzen aller Optionen, wie Sie es in den Kapiteln zuvor kennengelernt haben, bewahrt uns aber nicht vor dem entscheidenden Schritt, es zu tun. Wir können vielmehr, da das Neue selten vom Himmel fällt, den Weg dorthin gestalten, die Chancen nutzen und Risiken eingrenzen.

Überzeugung ist das Sprungbrett
Mit Überzeugung handeln wir konsequent und stellen dazu auch Bestehendes infrage, inklusive uns selbst, wie wir bisher gedacht und gearbeitet haben. Überzeugung kann uns niemand verordnen, sie wächst in uns als große Kraft heran. Die Grundlage ist, dass es eine Perspektive gibt, die uns positiv bewegen, vielleicht sogar begeistern kann. Dazu zählen anspruchsvolle, aber erreichbare Ziele, beginnend damit, jeden Tag einen kleinen Fortschritt für mich machen zu können, wenn ich einen ersten gewagten Schritt unternommen habe. Das kennen Sie von Kindesbeinen an. Wenn Babys zum ersten Mal Klötze ohne Umfallen stapeln, freuen sich diese riesig. Sie hatten etwas gewagt und waren überzeugt, es zu schaffen, obwohl es x-fach nicht geklappt hat. In jedem Alter ist diese Unbefangenheit und Begeisterung möglich zum „Bauklötze staunen", wenn wir uns selbst nicht hemmen durch ein „Ja, aber ..." oder „Das wird doch sowieso nichts". Lassen Sie es zu, von sich überzeugt zu sein, „Ja, das kann klappen ..." Und seien Sie sich bewusst, dass dadurch „nur" eine wesentliche Voraussetzung geschaffen wird, erfolgreicher im Alltag zu sein.

Ohne eine persönlich attraktive oder faszinierende Perspektive, etwas zu leisten und zu bewirken, für mich oder andere oder beides, handeln wir weniger überzeugt und gehen weniger Risiken ein, ausgenommen der Druck ist unvermeidbar hoch. Überzeugung ist keine unbedingte Hurra-Haltung. Vielmehr haben Sie ein Ziel und erwarten, dass der Weg ein Stück ungewiss sein und mit Wagnissen „gepflastert" sein wird.

Ein ganz einfaches Beispiel, was Überzeugung in ein Ziel bewirken kann, ist das Thema Rauchen. Jeder weiß, dass es die Gesundheit schädigt, aber nicht alle von uns handeln auch entsprechend. Alle Raucher wissen um die Gefahr, sind aber nicht vom Ziel überzeugt, anders zu handeln – ohne genau zu wissen, wie es ist, im Leben nicht zu rauchen. Und wird ein Mensch dann sogar süchtig danach, schafft er es auch nicht mehr allein und durch seine Überzeugung, das Neue zu wagen – nämlich nicht mehr zu rauchen.

Das Neue sollte nicht um des Neuen willen, das Wagnis nicht um des Wagens willen angegangen werden. Wie wir dem Neuen frönen, immer neue Reize setzen wollen und Altes schnell beiseiteschieben, ist kein positiver Wert an sich. Aber nur, wer sich zum Neuen führt, hat mehr Einfluss darauf, was kommen wird. Die besondere Kraft, das Potenzial des Neuen liegt darin, mehr zu tun als bisher und auch, als man sich bisher vorstellen konnte.

Überwindung gehört dazu – manchmal
Hinter der Leichtigkeit und Brillanz der Besten stecken häufig viel Arbeit, Fleiß und Überwindung. Ob Artisten im Zirkus, mit dem Oscar prämierte Schauspieler oder auch Studenten mit exzellenten Abschlüssen – immer kam es in der Vorbereitung irgendwann zu Situationen, in denen diese Menschen über sich selbst hinausgewachsen sind und sich selbst übertroffen haben. Dazu braucht es den Willen, sich zu etwas zu überwinden.

Überwindung ist, psychologisch betrachtet, die emotionale Selbststeuerung zur Gestaltung des eigenen Schicksals in schwierigen Situationen. Der Umgang mit VUCA hat dafür durch die verbundenen Unsicherheiten und Mehrdeutigkeiten für uns einiges zu bieten. Überwindung ist ein freiwilliger Willensakt, unter Alternativen nicht die einfachste zu wählen, auch auf die Gefahr hin, sich zu überfordern.

Wenn wir durch Überwindung uns zum Erfolg führen, dann besitzt diese Tätigkeit einen tiefen und anhaltenden Bedeutungsgehalt für unser Handeln. Die Angst vor Misserfolg wird reduziert, vor allem mit Blick auf die Zukunft.

Wer sinnbildlich ins kalte Wasser springt, nur um zu springen, macht etwas falsch. Deshalb bringt es, wie bereit kurz erwähnt, wenig, sich Extremsituationen auszusetzen, um für den Alltag etwas zu lernen. Außergewöhnliche Mutproben sind für unsere Herausforderungen im Alltag bedeutungslos. Sie können sehr glücklich darüber sein, trotz Höhenangst beim Betriebsausflug erstmals eine Kletterwand hochgestiegen zu sein. Das heißt nicht, dass Sie sich auf eine Präsentation gut vorbereiten, die Sie wenig später vor der Geschäftsführung halten wollen. Hier geht es nicht um eine andere Überwindung – als Teil Ihres Jobs.

Um sich zu etwas zu überwinden, bedarf es auch keiner besonderen Gelegenheit. Überwinden können wir uns jeden Tag, ob im Training, im Studium oder im Job. Diese „Gelegenheiten" sind meist wenig spektakulär. Aber wenn wir es schaffen, ist es umso effektiver. Wir schaffen uns greifbare Beispiele, die uns Mut geben für die nächste vergleichbare Gelegenheit. Dazu können Sie Ihren eigenen Weg finden, Ihre Überwindungskraft zu stärken:

Kleine, sehr lästige Alltagsdinge, die Ihnen sehr schwer fallen, einfach einmal machen und sei es „nur" am Ende des Arbeitstages den Schreibtisch auf dem Computer und vor sich völlig leer zu haben, also keine Aufgaben mehr offen zu haben. Das kann sogar einige Zeit dauern und geht nicht über Nacht. Sie müssen dann am Ball bleiben. Mehrere kleine Überwindungsmomente führen zum Ergebnis. Und idealerweise geht der einst schwierige Rhythmus in eine positive Gewohnheit über, im Beispiel seine Arbeit gut zu organisieren.

Ein anderer Weg kann sein: Große, sehr anspruchsvolle Aufgaben anpacken, die Sie vielleicht zum ersten Mal machen, aber eigentlich nicht machen müssen (und nicht weil Sie keine Alternative haben, wie bei Prüfungen). Sie gehen bewusst an Ihre Kompetenz- oder Leistungsgrenzen, natürlich ohne blind sich oder andere in Gefahr zu bringen (das ist übrigens heute eher selten körperlich eher technologisch der Fall, wenn neue Anwendungen eingesetzt werden). Sie beobachten sich, wie Sie an die Sache herangehen, was passiert und was nicht. Sie spüren, welche Potenziale in Ihnen schlummern und gewinnen weiter Zutrauen. Da und dort werden Sie vielleicht einen Schritt weniger weit gehen als ursprünglich gedacht, um den Bogen nicht zu überspannen. Das ist nicht schlimm und mindert nicht die positive Erfahrung, wenn Sie zuvor schon weit für sich gekommen sind, weiter als Sie sich vielleicht zuvor vorstellen konnten.

Nur einen Fehler sollten Sie nicht machen. Im Alltag ein Wagnis und das Neue nur deshalb nicht anzupacken, weil etwas schiefgehen könnte. Das liegt in der Natur des Menschen, dass Fehler passieren, wenn man sein bestes versucht. Das bedeutet nicht, sehenden Auges oder fahrlässig etwas falsch zu machen, vielmehr Fehler als Teil des eigenen, täglichen Fortschritts zu nutzen, wie das nächste Kapitel zeigt.

Fehler nutzen

Nur wer nichts tut, der macht keine Fehler. Das wichtigste ist also nicht das Vermeiden von Fehlern, soweit diese nicht vorab erkennbar sind. Entscheidend ist der Umgang: Kann ich wichtige Lehren ziehen oder habe ich den Fehler einfach abzuhaken. Wer zum Beispiel in einer E-Mail auf einen falschen Kontakt klickt, so einen Fauxpas begeht und dadurch vielleicht sogar eine Kettenreaktion an Problemen auslöst, der kann sich gewaltig ärgern. Nur Lehren daraus ziehen, das kann niemand. So etwas oder ähnliche Unaufmerksamkeiten passieren leider immer wieder. Dann ist nur noch Schadensbegrenzung möglich.

Ein weiterer Fehler, wie wir mit Fehlern umgehen, ist die Orientierung am Erfolg, der erzielt wurde. Ein Ziel erreicht zu haben, bedeutet nicht automatisch, fehlerfrei gewesen zu sein. Auch Sieger machen Fehler. Verlierer merken sie nicht oder wollen sie nicht wahrhaben. Sieger wissen, ohne Fehler gibt es keinen Fortschritt. Fehler bleiben Fehler, egal wie man abschneidet. Niederlagen forcieren jedoch das Nachdenken. Manchmal suchen wir sogar bewusst nach Fehlern, wo keine waren. Auch sagt ein Misserfolg nichts über den Wert der Fehler aus. Es gibt, nicht nur im Sport, häufig fehlerfreie Leistungen, die aber schlicht nicht so gut waren wie der Wettbewerb. Es ist gar nicht so selten, dass einfach jemand besser war, zum Beispiel im direkten Vergleich in Ausbildung und Beruf.

Für die eigene Führung ist es nicht wichtig, ständig nach Fehlern zu suchen. Wer vielmehr danach strebt, sich weiterzuentwickeln, der nutzt dazu die wichtigen Fehler – wenn sich die Gelegenheit ergibt. Zum Entdecken dieser nützlichen Fehler können Sie jeder Ihren eigenen Rhythmus finden auf der Grundlage konkreter Anlässe. Dazu zählen:

© Springer Fachmedien Wiesbaden GmbH 2017
M. Groß, *Erfolgreich im Alltag, essentials,*
DOI 10.1007/978-3-658-16436-2_8

Offensichtliche Fehler mit nachhaltiger Wirkung Eine fehlerhafte Planung, Operation oder Konstruktion darf nicht mehrmals passieren. Hier fragt sich, wie konnte dieser Fehler passieren und wie kann die Leistung verbessert werden. Zu kurz wäre gesprungen, nur danach zu streben, den Fehler künftig zu vermeiden oder frühzeitig zu erkennen, zum Beispiel durch Einführung neuer Kontrollen. Dadurch wäre kein Lerneffekt verbunden, um aus einem Fehler die eigene Leistung nachhaltig zu verbessern. Fehler können dazu führen, sogar ganz neue Potenziale zu entdecken, die sonst verborgen geblieben wären.

Meilensteine zur Reflexion Unabhängig vom Ergebnis wird an wichtigen Zwischenstopps der bisherige Weg zum Ziel betrachtet, was gut lief, erfolgreich verändert wurde und wo Fehler aufgetreten sind, die beachtenswert sind. Der Vorteil dieser Routine ist, nicht vom Ergebnis abhängig zu sein. Sonst ist es immer eine Herausforderung, nach dem Gewinn eines neuen Kunden oder dem erfolgreichen Abschluss eines Projektes die eigene Leistung zu analysieren und Möglichkeiten zur Verbesserung zu finden. Umgekehrt verfällt man bei Niederlagen nicht in Selbstzerfleischung, warum ein Ergebnis nicht erzielt wurde und sucht unbedingt Fehler, wo keine sind. Vielleicht war die Leistung schlicht nicht gut genug.

Äußere Impulse mit hoher Intensität Der Partner oder Freund, der Kollege, Chef oder Ausbilder, die auf erhebliche Defizite oder größere Fehler aufmerksam machen, könnten ja recht haben. Die Hinweise an sich heran zu lassen, ist gewiss die schwerste Aufgabe, da hier viel Subjektivität im Spiel ist. Denn zusätzlich besitzen die Emotionen in einer Beziehung eine Bedeutung, wie zum Beispiel ausgelöst durch gegenseitige Vorurteile. Dennoch lohnt sich der Blick auf den Impuls. Alleine die Tatsache, dass der intensive Impuls beim Gegenüber entsteht, zeigt, dass irgendetwas „im Busch ist", ein eigener Fehler oder irgendeine andere „Irritation", die zu einer Reaktion geführt hat.

Jede Leserin und jeder Leser befindet sich in einer anderen Situation und verfolgt andere Ziele, sodass die Gewichtung der verschiedenen Anlässe sehr unterschiedlich sein kann. Sich eine Routine zu schaffen, ist gerade zu Beginn mit dem Wunsch, Fehler besser nutzen zu wollen, auch zur Selbstvergewisserung und Selbstwertbestätigung sinnvoll. Sie bekommen das Gefühl, dass Ihnen Fehler nicht mehr ständig „zwischen die Beine grätschen", sondern Sie diese besser zum Voranschreiten einordnen und nutzen können.

Eigene Planung überprüfen

Die Routine rückt auch grundsätzliche Fehler der eigenen Planung in den Mittelpunkt, der sprichwörtlich so ausgedrückt wird: „Man sollte nicht zu lange ein totes Pferd reiten". Der Fehler, der Ihnen vielleicht auch schon passiert ist, lautet, zu lange an einem Thema festzuhalten oder sich nicht rechtzeitig von einem Vorhaben zu trennen. Besonders bei einem hohen Engagement fällt es schwer, sich selbst einzugestehen, dass ein Vorhaben nicht wie erhofft weitergeführt werden kann, erheblich justiert oder sogar abgebrochen sollte. Durch die vielen Einflüsse durch VUCA, also die Vielfältigkeit, Ungewissheit, Komplexität und Mehrdeutigkeit heutiger Entwicklungen, ist es fast schon der Normalfall, sich irgendwann „neu erfinden" zu dürfen. Zumindest fühlt sich dies so an, wenn sich ein Vorhaben als unrealistisch erweist – trotz allem Engagement und aller Energie, die reingesteckt werden.

Nützliche Anzeichen sind die genannten eher negativen Ereignisse, wie häufig verfehlte Meilensteine, und entsprechende Resonanzen, wie anhaltend schlechte Bewertungen von Kunden, um eigene Planungen zu überprüfen. Dies nicht zu tun, wäre gewiss einer der größten Fehler, den wir machen können. Ohne die eigene Führung verzweifeln wir, halten an Zielen und Tätigkeiten fest, die bereits müßig sind, und entscheiden – nicht. Mit der Fähigkeit, Fehler einordnen zu können, entwickelt sich in uns eine selbstbewusste Haltung, auch grundsätzliche eigene Entscheidungen aus der Vergangenheit revidieren zu können. Wir trauen uns eher zu den notwendigen nächsten Schritten und lassen von ehemals attraktiven Projekten oder Vorhaben los.

Umgekehrt betrachtet, sucht man automatisch nach Fehlern, wenn sich Verluste oder das Verlieren häufen. Verlieren kann man im Wettbewerb und gegenüber eigenen Maßstäben oder beides. Dann sollte aber nicht sofort „das Kind mit dem Bad ausgeschüttet werden", sprich nach einer Enttäuschung sofort alles grundsätzlich infrage zu stellen. Auch das wäre ein Fehler. Versuchen Sie die Wendung ins Positive: Wer verloren hat, ist völlig motiviert. Jetzt erst recht!

Das ist absichtlich zugespitzt formuliert, um zu verdeutlichen: Für dauerhaften Erfolg ist weniges schlimmer als alles läuft glatt, man muss keine Hürden und keine neuen Herausforderungen bewältigen. Manchmal läuft sogar viel schief, zu viel. Das kann passieren. Jeder dürfte schon Phasen im Privaten, in Ausbildung und Beruf erlebt haben, in denen monatelang so ziemlich alles daneben gegangen ist, was man sich vorstellen konnte, auch ganz unabhängig voneinander. Diese Niederlagen zu verkraften ist ein Teil davon, erfolgreicher im Alltag sein zu können.

Niederlagen verarbeiten 9

„Alles halb so wild. Das wird schon wieder!" Bestimmt haben Sie schon einmal diese innere Stimme gehört oder diese Aufmunterung erhalten, nachdem Sie eine Niederlage erlitten oder ein anderes niederschmetterndes Erlebnis hatten. Der Zuspruch ist gut gemeint, um Enttäuschungen zu verarbeiten und wieder neu starten zu können. Aber taugt die Aufmunterung tatsächlich dazu, um Niederlagen gut zu verarbeiten?

Entscheidend ist die Bedeutung einer Niederlage. Eine monate- oder gar jahrelange Arbeit kann plötzlich sinnlos erscheinen, wenn zum Beispiel eine Abschlussprüfung nicht bestanden wird. Das ist ganz und gar nicht „halb so wild" und so schnell wird die Situation auch nicht besser. Oder einer Präsentation folgt die Absage des Kunden. Hier ist es ein Unterschied, ob das Projekt wirtschaftlich dringend erforderlich war oder die Niederlage im Wettbewerb im normalen Rahmen lag. Denn nicht jede Präsentation führt zum Auftrag.

In jedem Fall sollten wir nach einer Niederlage die Emotionen zulassen, nicht einfach wegschieben. Jeder Mensch ist da anders. Es ist nicht peinlich, eine Träne zu vergießen oder einmal laut „Sch...." zu brüllen. Stellen Sie sich vor, eine Niederlage würde einfach so an Ihnen abperlen. Dann könnte es sein, dass Sie zuvor nicht mit vollem Engagement bei der Sache waren.

Jeder blinde Optimismus, der Niederlagen oder Enttäuschungen als lästigen Unfall wegschiebt, übersieht die Notwendigkeit, innezuhalten und einen Augenblick durchzuatmen. Die Dauer der notwendigen „Trauerarbeit" kann wiederum sehr unterschiedlich sein, um danach wieder den Blick in die Zukunft zu richten. Bei den kleinen alltäglichen Rückschlägen reicht manchmal ein Gang auf die Toilette und Blick in den Spiegel zum „Durchschnaufen", um danach wieder in das nächste Gespräch zu eilen. Das andere Extrem kann sein, zunächst einige Wochen Auszeit zu nehmen, weil nach einer verpatzten Abschlussprüfung die ganze Berufs-

© Springer Fachmedien Wiesbaden GmbH 2017
M. Groß, *Erfolgreich im Alltag,* essentials,
DOI 10.1007/978-3-658-16436-2_9

und Lebensplanung zur Disposition steht. In beiden Fällen gewinnen wir Abstand zum akuten Ereignis, einen weiteren Blick auf das ursprünglich niederschmetternde Ergebnis und eine klare Sicht auf die Fehler, die vielleicht gemacht wurden. Häufig reicht dazu die sprichwörtliche „eine Nacht darüber schlafen". Dann geht es weiter. Und genau dieser Blick nach vorne, auf die nächsten Schritte nach einer Niederlage und wieder in Schwung zu kommen, ist für das Thema dieses *essential,* erfolgreicher im Alltag sein zu wollen, elementar. Aus dem emotionalen „Setzen-lassen" sollten wir nicht in Selbstmitleid rutschen. Destruktiv wären Gedanken, wie hart die Welt zu mir ist, alle sind gegen mich und ohnehin ist alles, was ich mache, falsch. Wir haben es in der Hand, dass eine Niederlage „halb so wild" wird und wir wieder auf die Erfolgsspur kommen. Dazu sind die richtigen Lehren zu ziehen.

Niederlagen sind ein Weckruf
Die ganz alltäglichen persönlichen Niederlagen müssen gar nicht im Wettbewerb entstehen oder von der Umgebung bemerkt werden. Zwei ganz unterschiedliche Beispiele verdeutlichen dieses Gefühl der eigenen Enttäuschung und Niedergeschlagenheit, dass jeder Mensch kennen dürfte: Entwickler von neuen Produkten oder Lehrer in einer Schulklasse. Es ist einfach eine persönliche Niederlage, wenn ein Meilenstein verpasst wird, eine neue Funktion hakt – lange bevor ein Produkt auf den Markt kommt – oder der Lehrstoff nicht bewältigt wird – lange bevor die Zeugnisnoten verteilt werden. Soweit Sie engagiert bei Ihrer Sache sind, fragt man sich automatisch, was kann ich künftig besser machen.

Dieser Gedanke ist essenziell. Der Fokus richtet sich auf die Kompetenzen, Tätigkeiten und Einflüsse, die wir in der Hand haben – für die eigenen oder auch andere Personen, z. B. als Führungskraft. Diese eigenen Handlungsmöglichkeiten und -spielräume zu identifizieren ist heute – angesichts der vielfältigen Wechselwirkungen der vier VUCA-Faktoren, die Sie im fünften Kapitel kennengelernt haben – nicht immer so einfach. Daher ist die Identifikation der die wesentlichen Faktoren, die Sie nach einer Niederlage verändern können und sollten, wichtig. Maßstäbe sind ein möglichst hoher eigener Einfluss und eine hohe Wirkung auf das Ergebnis, ergänzt je nach Thema und Aufgabe mit einem möglichst geringen Aufwand. Zum Beispiel könnte es unverhältnismäßig sein, ein einzelnes Leistungsproblem mit einer mehrmonatigen Weiterbildung zu beheben.

In den beiden oben genannten Beispielen wären mögliche Ansätze Änderungen im Entwicklungsprozess eines Produkts und zweitens ein anderer Aufbau des Unterrichts, um zum gewünschten Ergebnis zu gelangen (im ersten Fall schneller am Markt zu sein und zweitens den Lehrplan vollständig einzuhalten). Nun können Sie sich eigene Beispiele aus der Vergangenheit notieren, in denen Sie rückblickend nicht die richtigen Lehren gezogen haben (die Ist-Situation) und sich überlegen, was Sie mit den genannten Maßstäben hätten anders und wahrscheinlich besser machen können (die Soll-Situation). Notieren Sie sich für jedes Ihrer Beispiele diese Gegenüberstellung von Ist-Soll, um bei nächster Gelegenheit als Gedankenstütze zu dienen, Niederlagen besser für den eigenen Fortschritt nutzen können.

Niederlagen können auch grundsätzlicher wirken. Sie sind quasi ein „Stresstest" für unsere Ziele. Die hohe Emotionalität von Enttäuschungen provoziert die Überlegung, ob die eigene Reise insgesamt in die richtige Richtung geht. Vielleicht ist die Niederlage deshalb entstanden, weil wir uns grundsätzlich überfordern. Diese Überlegung macht vor allem dann einen Sinn, wenn sich Niederlagen wiederholen. Sie fordern sich selber heraus, ob Ihre Ziele richtig gesetzt sind, von Grund auf oder im Detail justiert werden sollten. Das Ziel dieser Übung ist nicht, ständig eigene Zweifel aufzubauen, vielmehr die Überzeugungskraft in den eigenen Zielsetzungen zu stärken – unabhängig davon, ob Ziele bestätigt, justiert oder neu gesetzt werden.

Wenn diese innere Prüfung erfolgt ist und bestanden wird, bekommen eine oder mehrere Niederlagen sogar eine positive Note und sind leichter zu ertragen. Gerade in diesen Momenten zeigt sich, wer wirklich von seinen Zielen und Motiven inspiriert ist, anpackt und schließlich zu sich sagt: „Jetzt erst recht". Und zwar geschult aus den Niederlagen und den Fehlern, die zu ihnen geführt haben können.

Je mehr Ihrer Einfälle zu konkreten Projekten führen, umso größer sind der Anteil der gescheiterten Vorhaben und das Risiko für Niederlagen. Aber zugleich steigt auch die Chance, dass ein Vorhaben oder Projekt richtig durchstartet. Ohne zehn gescheiterte Vorhaben wäre die eine gute Idee nicht entstanden. Genauso muss ein Handwerker oder Künstler, wen er seine Fähigkeiten weiter ausbildet, einige seiner Produkte in den Papierkorb oder auf den Müll werfen, ehe der passende Entwurf kommt. Wie wusste einer der größte Erfinder aller Zeiten, Thomas Alfa Edison: Genie ist ein Prozent Inspiration und 99 % Transpiration.

Wer nicht scheitert, bekommt keine Einfälle, die zu neuen Chancen führen. So kann Frust auch zu Lust werden. Lust und Erfolg zu haben sollte – angesichts der vielen Enttäuschungen, die uns ereilen können – nicht selbstverständlich sein. Damit sind Sie bereits am letzten Kapitel angekommen: Wer sich über Niederlagen ärgern kann, sollte auch seine Erfolge feiern.

Erfolge feiern 10

Erinnern Sie sich an den Beginn des ersten Kapitels? Welche Erwartungen hatten Sie, als Sie zu diesem *essential* griffen? Diese Erwartungen ist der Maßstab Ihrer abschließenden Bewertung, ob Sie die Impulse bekommen haben, um den Alltag erfolgreicher zu gestalten. Sie könnten denken, dieses Ergebnis habe ich erwartet, dieser Impuls war für mich besonders wertvoll oder dieses Thema möchte ich vertiefen, weil ich die Bedeutung jetzt für mich erkannt habe. Warum soll ich deshalb diesen Erfolg sofort „feiern"? Das ist doch normal!

Diesen Gedanke stellen Sie sich nicht nur in Bezug auf die letzten Stunden Lektüre. Denn zumeist führen neue Information, neues Wissen und Können nicht unmittelbar zu einem konkreten Ertrag, der sich messen und vergleichen lässt, zum Beispiel mit eigenen oder fremden Leistungen. Das gilt in den meisten Situationen, auch im Beruf. Ganz selten ist direkt ein Effekt festzustellen, dass aus dem Ergebnis A der Ertrag B folgt. Und dennoch können Sie jeden Tag einen wichtigen Schritt gemacht haben und erfolgreich sein. Im Sport wird dies eindringlich: Im Training werden täglich wichtige Fortschritte gemacht. Der Wettkampf, der unmittelbare Vergleich im Wettbewerb, ist die Ausnahme. Und diese Ausnahme ist außerhalb des Sports noch seltener. Niemand trifft Auge-in-Auge auf seine Konkurrenten!

Erfolgreich bedeutet also nicht nur, dass letztlich eine gewünschte Folge eintritt (wie Bonus, Beförderung, Preis, Medaille, …). Je komplexer unsere Umgebung ist, je vielfältiger und unberechenbarer die Einflüsse auf uns sind, desto wertvoller werden die einzelnen Schritte – nach vorne, mitunter auch zur Seite oder in Ausnahmen auch nach hinten, um den Überblick zu gewinnen.

© Springer Fachmedien Wiesbaden GmbH 2017
M. Groß, *Erfolgreich im Alltag*, essentials,
DOI 10.1007/978-3-658-16436-2_10

Erfolge sind nicht alltäglich

Auch wenn es Alltag ist, erfolgreich sein zu wollen oder sogar zu müssen – der Erfolg sollte niemals alltäglich werden. Viele Leistungen und Ereignisse können uns ein Erfolgsgefühl vermitteln. Blicken Sie in die Vergangenheit und überlegen, wo Sie im Alltag diese innere Stimme gehört haben, nachdem sie etwas vollbracht hatten: „Ja, das war doch was!" Schreiben Sie dies auf, gern auch jetzt sofort: Das sind die Top 5 Impulse, die Sie aus diesem *essential* ziehen. Nur weil Sie dieses Ergebnis von sich erwartet haben, ist es nicht selbstverständlich, dass Ihnen dies auch gelingt.

Mit dem Aufschreiben halten Sie dieses Gefühl in der Erinnerung fest. Denn nichts motiviert mehr als Erfolg, das Gefühl etwas geleistet, geschaffen, bewirkt oder weiterentwickelt zu haben, für sich und andere. Und diese Fähigkeit gilt umso mehr, wenn es einmal nicht so gut läuft und sie vermeintlich „kein Licht mehr im Tunnel sehen". Das „Feiern" durch Innehalten und inneres Genießen stärkt das eigenen Selbstbewusstsein und die Fähigkeit zum Weitermachen oder Wiederaufstehen.

Fatal wäre es, ständig nur auf eine Erfolgsdimension, zum Beispiel den Triumph im Wettbewerb, zu schielen. Auf dem Weg dorthin würden viele Leistungen und Erfolge unentdeckt bleiben. Die Freude über eine extrem gelungene Präsentation als Motivation für den nächsten Wettbewerb – trotz Platz Zwei. Die persönliche Bestzeit im Olympia-Finale – als Letzter. Die perfekte Abwehrleistung bei einem 0:1 – durch einen umstrittenen Elfmeter in der 90 min. Auch ohne Erfolg kann jeder viel leisten.

Das beherzte und ehrliche Streben besitzt auch ohne großen Sieg einen eigenen Wert. Ein erstes kleines Projekt für einen Kunden umsetzen zu dürfen, ist kein Grund für eine große Jubelfeier, aber ein weiterer Schritt, ein Ziel zu erreichen. Das ist kein übertriebenes Pathos. Vielmehr ist diese Fähigkeit ein wichtiges Element der Selbstführung. Denn in der heutigen Arbeitswelt werden eher selten nachhaltig und fair individuelle Leistungen und Ergebnisse gewürdigt.

Selbst Anerkennung geben

Selbstverständlich geht es nicht darum, eine fehlende äußere Anerkennung vollständig im persönlichen Bereich zu kompensieren. Ebenso sollte, je nach Tätigkeit und Zielsetzung, auch eine positive Folge aus den eigenen Streben irgendwann eintreten, zumindest im Einzelfall. Zum Beispiel wird die Freude über eine gelungene Präsentation oder ausgefeilte Angebote auf Dauer getrübt, wenn dadurch nie ein Kunde gewonnen wird. Da stehen aber andere Themen im Fokus, die nicht zu diesem *essential* und der eigenen Führung im Alltag gehören (wie: Habe ich die passenden Ziele, Besitze ich überhaupt die notwendigen Kompetenzen, etc.).

Anerkennung im Alltag sollten Sie sich selbst geben. Niemand kann jahrelang auf Olympia trainieren, auf eine Abschlussprüfung lernen oder im Ausland als Zwischenstation für weitere Aufgaben eine Fabrik leiten, ohne zwischendurch Höhepunkte zu erleben. Als Inspiration für das tägliche Arbeiten kann ein mögliches Resultat oder Erlebnis alle paar Jahre nicht dienen. Die Fähigkeit, die Ereignisse auf dem Weg zu großen Zielen angemessen zu feiern, haben wir. Angemessen ist dabei ein wichtiger Begriff. Denn genauso wie bei den „natürlichen Anlässen" für die eigenen Feiern (Geburtstage, Hochzeiten, etc.), ist es auch bei der eigenen Anerkennung im Alltag wichtig, den eigenen Bedürfnissen zu folgen.

Den passenden Lohn geben

Bekanntermaßen sind persönliche „Belohnungen" häufig wesentlich bewegender und wirksamer als ein dicker Bonus-Scheck, der ohnehin erwartet worden ist. Die Überraschung, spontan für eine gute Leistung ausgezeichnet zu werden, stärkt das Engagement. Der Blumenstrauß oder eine seltene Flasche Wein gehören zu dieser Kategorie, wenn der Beschenkte damit emotional begeistert werden kann. Genauso verhält es sich mit der eigenen „Feier" nach Erfolgen.

Zeit zu schenken ist häufig sehr wertvoll, ob für sich alleine oder mit anderen. Und Feiern braucht Zeit, egal wie Sie diese für sich gestalten und welcher Erfolg Ihnen das Feiern wert ist. Ob Sie bei einem Glas Wein oder Bier einen Erfolg „sacken zu lassen". Ob Sie spontan einen tollen Abend für sich und andere organisieren. Oder ob Sie sich mit einem verlängerten Wochenende mit Partnerin oder Partner gönnen. Die Möglichkeiten, sich nach wichtigen Erfolgen wertvolle Zeit zu schenken, sind vielfältig – je nach Ihren Interessen. Nehmen Sie sich Zeit dafür! Wenn nicht im Erfolgsgefühl – wann sonst? Von den Erlebnissen zehren Sie länger, besonders wenn Sie später wieder einmal Niederlagen erleiden dürfen oder irgendetwas schief geht, über das Sie sich ärgern.

Dieses Gefühl können Sie sich nicht erkaufen. Prüfen Sie bitte Ihre Anschaffungen, Ihre materiellen Selbstbelohnungen! Wir brauchen sie meistens nicht. Es gibt auch einfachere Alternativen, die genauso gut funktionieren. Aber gerade weil wir uns, je nach Möglichkeiten, diese Dinge hart erarbeiten und ersparen müssen, bekommen sie einen viel höheren Wert. Der Materialwert sinkt ohnehin nach der Anschaffung häufig schnell gegen null. Dadurch kann ein neues Mobiltelefon genauso wertvoll sein wie eine Yacht – je nachdem, was für uns eine Bedeutung hat und nur mühevoll – das ist wichtig! – erreichbar ist.

Geld ist – gerade um im Job mehr zu leisten und auch erfolgreich zu sein – die wichtigste Nebensache der Welt. Erst der emotionale Genuss unserer Leistungen und Erfolge schafft eine Zufriedenheit, die neue Energien erzeugt. Der materielle Lohn, so sinnvoll oder notwendig dieser auch immer ist, wird nie nachhaltig diese

Kraft besitzen. Prüfen Sie Ihre Dimensionen, wie sich Erfolg bemisst – nicht nur materiell – und richten Ihre Erwartungen danach aus – was Sie wie erreichen möchten. Und wenn Sie dann ein ersehntes Ziel erreichen, sollten Sie sich auch die Zeit gönnen, diesen Moment zu genießen. Viel Freude dabei!

Was Sie aus diesem *essential* mitnehmen können

- Nachhaltige Unterstützung, die Herausforderungen im Berufsleben zu bewältigen und Chancen zu nutzen
- Wesentliche Erkenntnisse, wie das eigene Leistungspotenzial besser entfaltet wird
- Mehr Sicherheit, die ständig wechselnden Anforderungen im Berufsalltag zu bestehen

© Springer Fachmedien Wiesbaden GmbH 2017
M. Groß, *Erfolgreich im Alltag,* essentials,
DOI 10.1007/978-3-658-16436-2

Lesen Sie hier weiter

Michael Groß

Selbstcoaching

2013, XI, 294 S.
Hardcover: € 19,99
ISBN 978-3-642-38038-9